上海交通大学人文社会科学成果文库

中国大飞机在崛起

黄庆桥　王培丞　田锋　编著

上海交通大学出版社
SHANGHAI JIAO TONG UNIVERSITY PRESS

内容提要

　　本书以世界大飞机发展史为背景，在总结美国、欧洲两巨头主导的大飞机世界格局，以及日本、加拿大、印度尼西亚、俄罗斯、巴西等国家发展大飞机的曲折历程的基础上，梳理中国大型民用飞机波澜壮阔的发展历程。从"运十"研制的戛然而止到与麦道公司合作的无疾而终，从21世纪之初党中央的战略决策到中国商飞的应运而生，从ARJ21成功投入运营到C919惊艳首飞、成功交付，本书从历史脉络、时代背景、国家战略决策、关键核心技术攻关等各方面，努力建构中国大飞机事业发展历程的全景画像，展示中国大飞机人的拼搏奋斗精神，是一本集主题性、思想性、故事性、可读性于一体的读物。

图书在版编目（CIP）数据

　　翱翔：中国大飞机在崛起 / 黄庆桥，王培丞，田锋编著 . —上海：上海交通大学出版社，2023.4

　　大飞机出版工程

　　ISBN 978-7-313-24942-5

　　Ⅰ.①翱… Ⅱ.①黄… ②王… ③田… Ⅲ.①航空工业-工业史-中国 Ⅳ.①F426.5

　　中国版本图书馆CIP数据核字（2021）第087551号

翱翔：中国大飞机在崛起
AOXIANG: ZHONGGUO DAFEIJI ZAI JUEQI

编　著　者：黄庆桥　王培丞　田　锋			
出版发行：上海交通大学出版社	地　　址：上海市番禺路951号		
邮政编码：200030	电　　话：021-64071208		
印　　制：上海盛通时代印刷有限公司	经　　销：全国新华书店		
开　　本：880mm×1230mm　1/32	印　　张：9.125		
字　　数：166千字			
版　　次：2023年4月第1版	印　　次：2023年4月第1次印刷		
书　　号：ISBN 978-7-313-24942-5			
定　　价：58.00元			

序一

翱翔天宇，纵观九州！

2022年9月29日，全国人民正在迎接祖国七十三华诞之时，国产大飞机领域迎来一个重大好消息：C919正式获得中国民用航空局颁发的型号合格证，这就意味着它具备了交付客户并投入市场运营的"安全资质"。C919大型客机是我国首次按照国际通行适航标准自行研制，具有自主知识产权的喷气式干线客机，它在完成全部适航审定工作后获中国民用航空局颁发的型号合格证。在这样的光荣时刻，黄庆桥教授领衔编著的《翱翔：中国大飞机在崛起》出版在即，邀我作序，幸甚之至！

我们应该看到：从2007年立项到今天，国产大飞机C919走过了十六年的时间，这是见证中国航空人迎难而上的过程，也是中国科技实现高水平自立自强的历程。回首过去的十六载，我们看到的不仅仅是国产大飞机取得了初步成功，更应该看到推进中国科技事业进步所做出的正确抉择。

首先，战略的审时度势。进入新千年之后中国经济在总体上保持了高速发展的蓬勃态势。然而，摆在我们面前的问题是思考如何在保持经济体量增长的同时，提高经济发展的质量，尤其是亟需改变外国人对中国制造业的低端印象。从长远的发展来看，中国制造势必从中低端转向高端制造。因此，党中央下决心通过加大对科技事业方面的投入以促进中国制造业的蜕变与崛起。在这个背景下，新世纪研制国产大飞机的决定应运而生。2006 年 8 月 27 日，国务院成立大型飞机重大专项领导小组。"大飞机重大专项"是党中央、国务院建设创新型国家，提高中国自主创新能力和增强国家核心竞争力的重大战略决策，也是《国家中长期科学和技术发展规划纲要（2006—2020 年）》确定的 16 个重大专项之一。从那时起，国产大飞机的研制进程就牵动着亿万国人的心弦，也吹响了中国向世界航空制造业顶端进军的号角！

其次，技术的攻坚克难。研制大飞机，谈何容易！大飞机是"现代工业的皇冠"，目前大飞机的全球市场份额也被美国波音与欧洲空客牢牢霸占。研制大飞机不仅仅要考量一个国家的科技事业的总体能力，更是对这个国家的综合国力提出了较高要求。从飞机设计到零部件制造，从总装集成到适航取证，从人员管理到经费统筹，每一个环节都需要中国航空人做到精益求精。更重要的是，其背后的飞机制造业是一条长度长、复杂度高、价值巨大的重要产业链，包括设计、制造、销售、服务等环节。换言之，国产大飞机的研制是新时代中国航空工业的一个缩影。以大飞机的一个核心技术——控制律为例，中国商飞上海飞机设计研究院的控制律攻关队队长郑晓辉说："真的是举全国之力来开发的这个产品，其实是要感谢这个时代，我们做到了很多人认为不可能的事情，齐心协力，一个目标，我们做到了。"在众多科技专家的不懈努力下，C919 突破了 6 大类、100 余项关键技术，形成了近 2 千项专利和 2 万 4 千多份标准规范。

再次，未来的广阔前景。中国民航运输市场呈现出巨大需求，为国产大飞机提供了更多的市场选择。截至 2022 年底，C919 累计获得 32 家客户共 1 035 架订单，多数来自国内航空公司和飞机租赁公司。中国东方航空是 C919 的第一个客户，首架飞机已于 2022 年底交付，即将投入商业运营。中国人乘坐国产大飞机的时代即将到来。根据中国商飞公司市场预测年报（2020—2039），我国在 2020—2039 年将累计交付 8 725 架新机，我国国产民用机型市场总规模可达到 13 323 亿美元。我国作为全球最大的民航市场，大中型客机长期进口并且依赖国外的局面会逐渐被打破。国产大飞机的研发与制造势必会带动全国民航业的整体更新与迭代。更进一步讲，中国大飞机的崛起也会推动世界大飞机市场的变革，为更多的发展中国家增添选择的多样性。

最后，国产的科研团队。国产大飞机成功的坚实基础是我们培养出了一批又一批优秀的科研攻坚团队。2022 年 9 月 30 日，习近平总书记在北京人民大会堂会见 C919 大型客机项目团队代表并参观项目成果展览，充分肯定了 C919 大型客机研制任务取得的阶段性成就。据试飞前中国商飞统计：国内有 22 个省市、200 多家企业、36 所高校参与了客机研制，成千上万名科研工作者为大飞机升空付出了辛苦的努力。在国产大飞机的研制过程中，中国商飞拥有以吴光辉院士为代表的领军人才队伍，以"大国工匠"胡双钱为代表的技能人才队伍，以 C919 首飞机长蔡俊为代表的试验试飞队伍；培养了总设计师、主任设计师、专业总师等核心技术人才和项目管理人才，还有很多无名英雄默默地为国产大飞机升空砥砺前行。培养国产科研团队是大飞机项目为我国向世界制造强国迈进积累的最重要的财富。

　　国产大飞机的升空让亿万国人为之沸腾，它承载了多少中国科研人员的强国梦！就像习近平总书记指出的那样：让中国大飞机翱翔蓝天，承载着国家意志、民族梦想、人民期盼，要充分发挥新型举国体制优势，坚持安全第一、质量第一，一以贯之、善始善终、久久为功，在关键核心技术攻关上取得更大突破，加快规模化和系列化发展，扎实推进制造强国建设，为全面建设社会主义现代化国家、实现中华民族伟大复兴的中国梦不懈奋斗。让我们期待国产大飞机在未来助推祖国早日实现高水平科技自立自强的梦想！

管德梦

中国科学院、中国工程院院士
2020 年度国家最高科学技术奖获得者
我国著名飞机设计大师、歼-8 之父

序二

"让中国的大飞机早日翱翔蓝天"是几代中国民机人的夙愿，是国家梦想，是民族希望！2014年5月，习近平总书记在视察中国商飞时曾深情寄语广大干部员工，我们要做一个强国，一定要把我们自己的装备制造业搞上去，一定要把大飞机搞上去。这是对中国大飞机的期许和鞭策。

在社会各界的支持和中国民机人的努力下，ARJ21飞机已累计交付100架，迎来了批量化生产、规模化运营、系列化发展新阶段。C919飞机于2022年取得中国民航局颁发的型号合格证，现已交付首家用户中国东方航空公司，即将投入航线载客运营。

100多年来，中华民族在中国共产党的带领下创造了无数人间奇迹。70多年来，中国民机产业从无到有、从小到大，经历了多次起起落落。15年来，中国商飞在万众瞩目中诞生、成长起来。5年多来，C919高光亮相、低调试飞，在祖国各地留下了坚强执着的身影。艰难方显勇毅，磨砺始得玉成，中国民机人始终与祖国的命运紧密相连，中国大飞机也必将在中国特色社会主义的新时代自信起飞、翱翔蓝天。

在新发展理念指导下，中国大飞机始终稳中求进、求新求变，不仅在技术上实现自主突破，更在民机产业的体系构建和规律探索中走出了一条中国特色的发展之路。

新举国体制成就最好的时代。 21世纪初，在经历过大风大浪、沉寂了数十载之后，中国民机人终于迎来了崭新的春天。这次我们下定决心不再对未来充斥着迷茫和不确定，不再给自己和后来人留下遗憾。大型客机被正式列入国家重大专项后，中国民机人重整旗鼓再出发。大量的人力、物力、财力投入，高配的企业机构平台联动，举世瞩目、全民关注，新举国体制为中国大飞机奠定了重要的基石。鲜艳的五星红旗和"四个长期"的精神文化悬挂于中国商飞的每一处基地厂房，根植于每个中国民机人的心底和血脉。

新制造模式融合命运共同体。 光凭一腔热情干不成大飞机事业，我们必须站在回望历史和展望未来的交汇点上进行形势研判和战略分析，定准方位、瞄准方向、找准方略。"主制造商-供应商"模式既是国际民机领域通用的做法，更是确保在拥有完全自主知识产权的基础上充分调动全球优质资源为我所用的战略选择，是"人类命运共同体"理念的一个生动实践案例。国内外数十家来自各领域的顶尖民航产品和服务供应商汇聚在一起，共享荣辱、共谋未来，在带动国内上下游产业链提质升级方面起到了不可替代的引领作用。

新人才梯队保障可持续发展。 人力资源是科技创新的原动力，也是中国大飞机成败的最关键因素。ARJ21支线飞机的研制、试飞和运营，培养了一大批新时代的中国民机人，他们有激情、有梦想、有才华、有担当！他们风华正茂、大有可为！随着中青年领军人物在科研生产实践中纷纷涌现，青年才俊源源不断地从世界各地汇聚加盟，新人才梯队得到快速优化和提升，足以让我们坚信未来可期！

新科研攻关迎接风险和挑战。凡事引人瞩目自然免不了受到批评，善意的批评激励我们反思与提高，犀利的批判则更坚定我们必胜的决心。当今世界百年未有之大变局直接冲击着中国大飞机的腾飞之路。想要乘风破浪，唯有全面做强自己。立足当下、布局未来，我们与世界知名航空强企同步研发新材料、钻研新技术、开展新设计，我们培养组建自己的民机试飞员队伍，我们与供应商和高校科研院所联合攻关、协同创新，让中国大飞机健康成长、无惧挑战。

呈现在大家面前的《翱翔：中国大飞机在崛起》一书从历史维度简要回顾了世界航空史上具有代表性的几种民航飞机的发展历史；也生动地阐述了中国大飞机攻坚克难的感人故事，全书兼具历史的纵深感、严谨的科学性和写实的感召力，是一本具有高度思想性的科普佳作。本书的编著者都是来自高校的青年教师，从全书编排的结构和内容中可以深切体会到他们对大飞机的热情、对民机人的理解和尊崇，以及与国家同呼吸共命运的情怀和期盼。因此，我愿与读者们共同分享这份感受，共同创造中国大飞机更加美好的未来。

吴光辉

中国工程院院士、C919 大飞机总设计师

目　录

第 6 章

翱翔蓝天：C919 的飞天之路

引 言

中国为什么要搞大飞机？

21世纪之初，在中国政府酝酿大飞机项目的过程中，其实是有颇多不同声音或者说争议的。毕竟，当时我国技术能力不够，与国际先进水平差距很大，这是项目调研和论证过程中无法回避的焦点问题。大飞机一般指150座级以上、起飞重量超过100吨的运输类飞机（俗称"干线飞机"）。这个座级的机型也是干线飞机的起点机型和基本机型。但是，大飞机的研制和发展具有"高风险、高投入、长周期"的特征，行业门槛极高，目前世界上只有少数国家可以进入。

2003年11月，国家科技部组织成立大飞机项目论证组，开始进行调研和专家论证；2004年年中，论证工作基本结束；随后，北京大学的路风教授完成并提交了《我国大型飞机发展战略研究报告》。历经几年的努力，大飞机项目终于再次被纳入国家决策程序。2006年，经党中央、国务院批准，《国家中长期科学和技术发展规划纲要（2006—2020年）》正式颁布。这是中国经济和科技进入新的历史时期的重大战略决策。大型飞机作为规划纲要确定的16个重大专项之一，终于尘埃落定。2008年，经过2年时间筹备的中国商用飞机有限责任公司在上海成立，标志着大飞机项目正式启动。

那么，为什么中国决定上马大飞机项目呢？究其原因，主要是大飞机项目不可忽视的巨大经济价值和重大战略意义。中国政府下决心上马大飞机项目，将技术问题上升为信念问题，这一行动表明，中国决心迈入新的发展阶段，力图在具有引领性和决定性的高科技产业领域有所作为。飞机制造业是国家战略性高技术产业，是国民经济发展的重要引擎，对科学技术的发展起极其重要的推动作用。

一方面，大飞机项目具有巨大的潜在经济价值。

波音公司对2022—2041年中国商用飞机市场做出如下预测：民用飞机机队规模在未来20年里将增加一倍以上。到2041年，中国机队规模将从约3 900架增加到9 600多架。考虑到所有替换飞机的计划，波音公司预测中国将需要8 485架新飞机，价值约1.5万亿美元，占未来20年全球交付量的五分之一。根据《中国商飞公司市场预测年报（2022—2041）》，未来20年，中国的旅客周转量将以平均每年5.7%的速度增长，中国航空市场将接收9 084架新机，价值约1.4万亿美元，将成为全球最大的单一航空市场。这样一个巨大的市场需求，是大飞机发展的强劲动力，也给大飞机发展带来了巨大机遇。发展大飞机，能更好地满足经济社会发展和人民出行的需要，其也必将成为一个潜力巨大的全新经济增长点。

看到这里，或许会有读者提出质疑：大飞机的研制成本通常高达几十亿甚至上百亿美元，但是民用飞机作为一种特殊的商品，很难期望其能在短期内盈利。例如，空客公司于1968年确定研制A300飞机，直到20世纪90年代初才开始盈利。而且，面对当下错综复杂的外部环境，国产大飞机能获得的国际订单也是未知数。换言之，大飞机作为一种商品，实现商业成功才是关键所在。所以，国产大飞机在研制成功后，能否实现商业成功，何时实现商业成功，都是还不能确定的问题。有这样疑问的人可能还不少，我们不妨来分析一下。

应该说，"研制大飞机不一定赚钱"这个说法本身就是有问题的。确实，如果只把未来某一段时间内我们造出的飞机的总销售额与总成本进行比对，可能会得出无法盈利的结果。但是，这种做法有个极大的漏洞，就是没有考虑大飞机产业的经济溢出效应。航空工业是知识密集、技术密集、资本密集产业，具有产值高、产业链条长、产品辐射面宽、连带效应强的特点。而大型客机是目前世界上最复杂、技术含量最高的产品，其规模化和标准化需求有望推动航空制造产业链重塑，并催生产业集群效应；其发展不仅能够促进本国科技进步，而且能带动大批相关产业持续发展，带来的智力、技术和经济的溢出效应是难以估量的。

例如，在国产化不断推进的过程中，推广大飞机核心系统及零部件的科技成果所获得的经济效益具有明显的"乘数效应"。根据相关统计数据，按照产品单位重量创造的价值计算，航空产品是各种交通运输产品中附加值系数最高的，若船舶的附加值系数为1，则汽车为9，大型飞机为800，航空发动机为1 400。大飞机产业链的产业附加值是普通制造业的数十倍。2018年7月，两家驰名全球的咨询公司——空气动力公司和蒂尔集团在联合发布的《全球航空航天工业规模与国家排序》中指出，如果不讲战略、引领作用、威慑，只讲产业、工业产值、增加值、制造业领域，则航空与航天的产值比为 9:1。这也是美国仍然把自己的航空制造业放在非常高的地位的原因。2019 年发布的《美国航空航天工业协会报告》中提到，航空产值占美国国防和航空航天产业的 75%，创造了 3 870 亿美元的增加值，占美国国民生产总值的 1.4%，占美国制造业增加值的 12.5%；雇佣了 190 万人，占美国全部雇员的 2%。因此，根本不用担心大飞机研制不盈利。

另一方面，大飞机项目的战略意义更为深远，非经济价值所能比拟。

其实，现代航空业从诞生开始，就带有明显的国防工业色彩，早期的飞机就最先用于军事。因此，现代航空工业被认为是典型的"军民结合"产业，世界上所有的航空企业（尤其是波音和空客两大寡头）几乎都同时生产军用飞机和民用飞机。例如，美国军方就一直是波音公司的大客户，并且一直通过军用技术的转化潜力以及国防和民用领域中零件、系统及平台间的协同作用来扶持美国的大型商用客机产业。2002 年，美国航空航天工业委员会在最终报告中表示，航空工业是体现美国军事能力的关键，是美军全球机动、通信、空中防御、制海制空、远距精确打击、保护地面部队和机动的核心。因此，中国通过大飞机项目提高飞机研制的水平和能力，不仅具有潜在的经济价值，其战略意义更是十分重大。也就是说，即使不赚钱，我们也必须搞大飞机。这一战略意图，即便我们不说，其他国家也是懂的，自大飞机项目正式立项以来，西方媒体不知道多少次在这一点上做文章了。

与此同时，飞机在现代社会的特殊功能与价值日益凸显。如果说核武器是战略威慑力量，那么飞机就是战略任务的执行力量。核武器是不能轻易用的，核战争的门槛极高，大量的常规战略任务是要靠飞机去执行的。在未来，飞机将在国家重大紧急状态中发挥无可替代的作用，比如抢险救灾、大规模人员与物资的紧急调动等。并且，一旦国家进入紧急状态，95%的民用飞机都可以转为军机使用，或派特殊用途。大型飞机是关乎国家安全的战略平台，现代战争90%以上的空中平台以大型飞机为基础，没有这个平台和能力，就无法建构完整的空天地海电磁一体化作战体系，可能导致我国在未来战争中处于被动状态。

当下，中国大飞机产业正处于蓬勃发展之时，回顾、总结世界各国大飞机产业的发展历程，能够为我们接下来的发展之路提供诸多裨益。

首先，世界各国普遍高度重视大飞机产业的发展。之所以会形成这样一种局面和趋势，是因为大飞机产业具有明显的溢出效应，例如，创造就业机会、培养新的企业和开发新的技术，从而形成高技术产业群，有利于国家产业结构的优化。在拥有大飞机制造业的先进工业化经济体中，大飞机制造业直接规模的产值占国内生产总值（GDP）的0.2%~0.4%，有些国家的占比更高一些，而间接规模估计是直接规模的3倍之多。

其次，发展大飞机产业必须要有战略耐心和战略定力。大飞机研制投入大、回报周期长、产品价值高、技术扩散率高、产品辐射面宽、产业带动性强，是典型的战略性高技术产业。每一款成功的机型都要经历几年甚至十几年、几十年的孕育、打磨、完善与迭代，一次设计、一次定型、一次成功的机型是没有的，复杂技术产品的研制从来就不是一蹴而就的。每一款机型成功的背后，都是研制主体持续高强度投入，都是科学家与工程师追求极致、持续创新；而那些失败案例的失败原因各种各样，但共同点是战略定位的错配和战略耐心的缺失。对后发国家而言，发展大飞机产业从来不是一件万事俱备、只欠东风的事情，要充分认识这一产业发展的长期性、复杂性、艰巨性，要为产业的发展提供长期的、稳定的、有效的系统支持，避免出现反复和徘徊。

最后，开放合作是发展大飞机产业的必然选择和必由之路。纵观全球大飞机产业发展历史，虽然它于美欧诞生并发展壮大，但大飞机的国际化扩散一直在加速推进。在20世纪60年代，一架飞机的设计、制造和产品支持活动通常都是在同一个国家内部进行的，美国的制造商在所有环节都具有压倒性优势。而如今，飞机设计与制造企业遍布全球，航线上任意一架主流航空公司的飞机都是由世界各国生产的零部件组装起来的。20世纪60年代推出的波音707只有2%的零部件由非美国供应商制造；90年代推出了波音777，该比例增加到30%；最新的波音787"梦想飞机"大约65%的机体由非美国供应商制造。就中国而言，大飞机发展之路充满了机遇和挑战。在过去的几十年里，中国的大飞机制造业已经取得巨大进步，这既归功于中国政府对本国飞机制造业日益提升的支持力度，也归因于中国飞机制造业越来越深地融入国际供应链，参与全球领先航空企业的联合项目，使自身的能力获得提升。更多更高质量的国际合作，是产业发展的规律。

从20世纪初人类发明、创造飞机至今，航空产业已有百余年的历史。历经第一次世界大战、第二次世界大战、冷战与太空竞赛，以及多次经济危机，世界航空产业在从双翼到飞翼、从活塞到喷气的技术进步中不断发展壮大，对人类文明发展与进步产生了极其深远的影响。他山之石，可以攻玉。在讨论中国大飞机的发展与崛起之前，我们非常有必要回顾世界航空产业波澜壮阔的发展历程。作为航空领域的"后来者"，我们理当以史为鉴，置身其中，见贤思齐，扎实工作，在建设航空强国的新征程上勇毅前行，让中国的大飞机翱翔蓝天，惊艳世界。

第 1 章

列强争霸:
大飞机的世界格局

大飞机的世界格局，是与世界历史发展息息相关的。总体而言，大飞机的格局由波音与空客两大巨头公司掌控。波音公司（the Boeing Company，简称"波音"）是当今世界上最大的军用飞机和民用飞机制造商，也是全球航空航天的领袖公司，在飞机制造领域具有举足轻重的作用。然而，波音霸主地位的形成又是二战历史的一个重要组成部分。经过百年的经营，"波音帝国"在大飞机制造领域的影响力可谓涉及大飞机的每一个制造细节。波音在飞机研发和制造领域内时时刻刻把握着国际航空业的发展脉搏，为人类在航空领域做出了杰出贡献。在空中客车公司（Airbus, 简称"空客"）崛起之前，虽然麦道公司等也具备相当的实力，但就全面实力的比拼而言，波音在大飞机领域是当仁不让的佼佼者。

　　然而，空客的崛起让大飞机市场从"独角戏"变成了"对手戏"。空客的崛起得益于二战之后的欧洲复兴。借此历史机遇，欧洲人并不希望只做美国人的配角，他们希望依靠自己的努力，与波音等美国公司一争高下。欧洲人并没有被眼前看似不可逾越的波音阻挡住发展航空事业的脚步，他们凭借已有的工业基础，决定进军世界航空的尖端市场——大飞机领域。经过半个世纪的磨砺，空客已经完全具备与波音分庭抗礼的实力，逼迫美国人在大飞机领域不得不进行"战略重组"。这也就是为世人津津乐道的波音与麦道公司的"强强联合"案例。

某些战略和尖端产业的兴废，直接影响国家经济、技术和军事发展的战略行动能力，波音与美国、空客与欧盟就是最典型的案例。美国政府与欧盟都曾经深度介入波音与空客的市场竞争和贸易纠纷中，可见大飞机领域的竞争呈现白热化。还可从另一个细节中观察两家公司的未来战略走向，即两家公司的王牌客机，A380 与波音 787 的对决——虽然 A380 在 2021 年因不适应市场需要的变化而停产。

　　更远还是更舒适？这是个问题！世界两大航空巨头对未来市场的理念不同，也直接影响了他们在研制大型飞机时的策略与计划。对于世界航空业本身的发展来说，两巨头的激烈竞争能使世界航空科技水平获得突破性进展。纵观世界航空的百年发展历史，其实就是一部充斥着惨烈竞争的历史，飞机制造水平也就在一轮又一轮的竞争中不断地飞跃。

　　本章通过梳理波音与空客的发展历史以及考察两者的发展理念来审视大飞机世界的整体格局，这对我国发展大飞机事业有着至关重要的意义。

1.1

开天辟地:
波音公司的霸主之路

　　毫无疑问,在第二次世界大战结束到空客公司崛起之前,在研制和生产大飞机领域内波音公司都占据着霸主的地位。那么,波音公司经历了怎样的历程才取得举世瞩目的成绩?这还要从波音公司的历史讲起。回顾波音公司的发展足迹,从创建至今可大致划分为五个阶段。

　　第一个阶段是从创立至20世纪20年代末,这个阶段可以概括为波音的起飞阶段,它始于一个"梦想"。1903年12月17日,莱特兄弟发明的飞机成功起飞,这标志着美国人开辟了人类航空领域的新纪元。如果说莱特兄弟只专注于从科学与技术的角度将飞机作为一种新的飞行器的话,那么十几年后,另一个美国人的关注焦点则是将飞机打造成人类日常生活中的交通工具。1914年7月14日,威廉·波音在法国大革命125周年纪念日上第一次体验了乘坐飞机的感受,这次亲身体验也改变了世界航空史的进程。威廉·波音决心要消除乘坐飞机时令人恐惧的感觉，也就是从那一刻开始，有一个"梦想"萦绕在威廉·波音的头脑中，他立志要制造出舒适可靠的飞行器。

1916 年 7 月 1 日，35 岁的威廉·波音创立了一家名为"太平洋航空产品公司"的企业。翌年，他将自己的公司改用自己的名字命名，就这样，伟大的波音公司诞生了。波音本人具有很强的前瞻性眼光，他敏锐地洞察到飞机会在未来人类生活中扮演至关重要的角色。所以，在公司创始之初，波音本人就为这家公司创立了一个经营理念，即"想尽一切办法制造出世界上最安全和最好的飞机！"波音的视野非常开阔，他立志将波音公司打造成集飞机研发、制造和航空运输为一体的大型集团公司，从而成为世界航空领域的霸主。

值得注意的是，波音公司在起飞阶段就采取"双管齐下"的策略，即对军用飞机和民用飞机都给予了足够的重视。在 1927—1929 年的三年中，波音每年都有军用飞机和民用飞机首飞成功。在百年的发展史上，波音始终在军用和民用上走着自己的发展之路。

第二个阶段是从 1931 年至 1935 年，波音公司开启了飞机的"全金属"时代。在 20 世纪 30 年代前，各国飞机的主要材料还是以木材为主。1930 年，波音公司开创了世界航空史的先河，开始大力研制全金属材料的飞机。1931

年，波音公司为美国陆军航空部研制了双发动机轰炸机B-9的原型机YB-9。翌年，波音公司以B-9为基础研制了一种小型客机，这就是后来著名的波音247。波音247具有全金属结构和流线型外形，起落架可以收放，采用下单翼结构。

1933年2月8日，波音247首飞成功，这也标志着具有现代意义的客机诞生。全金属材料制成的客机大大提高了空中飞行的安全性，也朝着波音本人制订的"制造最安全的飞机"的目标发展。经过波音公司改造后的波音247D型运输机航程可达1 200千米。波音247可以实现在一天之内横贯美洲大陆（从纽约飞抵洛杉矶需要20个小时），这为航空业开辟了一个新的时代。波音247一经问世就成了波音嫡系的联合航空公司的主力机型。

第三个阶段是从1935年至1957年，由于战争因素，波音进入了"大型轰炸机"时代。二战爆发后，波音公司开始研制大型轰炸机，其中B-17、B-29与B-52三种机型都成了"轰炸机家族"中的重要成员。

1935年7月28日，B-17首飞成功，它被称作"飞行堡垒"，其机身载有13挺重机枪。在二战期间，波音公司共计生产了约1.3万架B-17飞机，也使该机型成为二战初期美国空军的主要轰炸机。B-17的优势在于它比当时其他的轰炸机拥有更大的载弹量和更高的飞行高度。1942年9月21日，B-29首飞成功，它正式地继承了B-17轰炸机的"衣钵",是美国陆军航空队在第二次世界大战亚洲战场的主力战略轰炸机,同时也是二战时各国空军中最大型的轰炸机。B-29机身装备了各种最先进的武器,号称"史上最强的轰炸机"。1945年8月,B-29轰炸机向日本的广岛和长崎两座城市投掷了原子弹。B-52是一种亚声速远程战略轰炸机,绰号是"同温层堡垒",它于1955年交付使用,至今都是美国空军的主力战略轰炸机。其独一无二也体现在它是战略轰炸机中唯一可以发射巡航导弹的飞机。二战给世界人民带来了极大的灾难,却使得波音公司在制造轰炸机领域获益匪浅。

第四个阶段是从1957年至1997年的40年时间里,由于政治形势等国际环境的变化,波音开始进入转型阶段:由"军"转"民"。波音公司在二战中逐渐壮大,尤其在研制和生产大型轰炸机方面成为军机界的佼佼者,大约有八成的订单都来自美国军方。回顾历史,我们发现政治因素对波音的技术发展起了非常大的作用,但在各个阶段均有所变化。在早期的研发中,来自军方和政府的支持对产品起着关键性的作用,波音247的三大突破性技术均依靠军方或者政府的支持,甚至直接由军用运输机改装而来。但是,由于此后波音公司逐步减小了军事订单的比重,来自军方或者政府的技术支持逐渐减少,重要性也逐渐降低。

然而,历史像一条奔流不息的大河,永远不会停留在某一时刻。随着二战结束以及世界政治格局发生变化，世界范围内对于军机的需求量大大降低。摆在波音面前的是一个新的抉择——怎么样才能在新的环境下续写辉煌？而二战后，外界也有了质疑波音的声音：波音公司只会制造性能优异的轰炸机，如此而已。波音公司的高层审时度势，顺应当时的发展趋势，将公司的重点发展方向由军机转向民机。想要进入民机市场，波音公司只有走"产品更新与技术升级"这一条康庄大道，占领新的制高点才会在新的竞争中取得先机。波音公司马上把研制大型喷气式客机作为新阶段的首要目标。

20世纪50年代末，喷气式客机波音707的横空出世宣告了螺旋桨飞机时代的终结，这在世界航空发展史上具有里程碑的意义。1957年，在KC-135空中加油机的基础上，波音公司成功研制的波音707是首架喷气式民用客机。同年年底，波音707完成首飞，第二年即交付使用。让波音公司骄傲的是，著名的历届美国总统的专机"空军一号"，就是在波音707的基础上改装而成的。1972年，美国总统尼克松访华的座机就是由波音707改造而成的"空军一号"，而这一历史性事件也将波音飞机引入了中国市场。自此，波音与中国各航空公司、航空工业界、中国民用航空局及中国政府建立了持久、稳定的合作关系。截至1992年3月31日，波音707总共获得订单1010架，其生产线已于1991年正式关闭。

波音 707 的诞生也标志着波音开启了"7 系列"时代。波音公司先后研制和生产出了波音 727、波音 737、波音 747、波音 757、波音 767、波音 777、波音 787 等一系列型号。波音公司也正是通过"7 系列"飞机逐步确立了全球商用飞机制造商的主要地位。其中，波音"7 系列"家族中不乏优秀的成员：波音 737（于 1967 年 4 月 9 日试飞成功）是在全世界范围内广泛使用的中、短程窄体民航客机；波音 747（于 1969 年 2 月 9 日试飞成功）一经问世就长期占据世界最大远程宽体民航客机的头把交椅；波音 767（于 1981 年 9 月 26 日试飞成功）是针对空客公司的 A300 和 A310 研制的中型宽体客机；波音 777（于 1994 年 6 月 12 日试飞成功）是一种中、远程双引擎宽体客机，也是目前全球最大的双引擎宽体客机。"7 系列"成员不断更新，这充分体现出波音公司在技术创新领域追求卓越的发展理念。此外，在波音公司高速发展的阶段，它们还在航天领域有所建树：研制和发射"水手 10 号"；制造和发射惯性火箭；研制空间站；制造太空望远镜部件和小型宇宙飞船，制造能进行同温层悬浮微粒和气体研究的卫星等。

第五个阶段是 1997 年至今，为了维护美国的国家利益以及巩固在世界航空业的霸主地位，波音施行"兼并与收购"措施。随着新对手空客的横空出世，加之国际政治经济等因素的影响，波音公司再次面临极大的考验和挑战：一方面，至 20 世纪 80 年代末 90 年代初，空客已经可以与波音在民航市场上分庭抗礼，波音在飞机制造领域的霸主地位受到冲击；另一方面，随着经济全球化的影响，国际政治经济因素对航空市场影响越发重大，这也极大地影响了波音产品的销售。很多国家在对波音、空客产品的选择上与美国和欧盟的政治影响力有关。选择空客还是波音成为很多国家亲欧还是亲美的标志，而美国和欧盟国家也通过政治影响力推销各自的产品。

对于美国而言，在飞机制造领域保持全球领先不单是航空航天事业的事情，更关乎美国在全球发展的战略和利益。在这个历史背景下，波音公司在坚持技术创新和加强销售管理的同时，全面实施新的战略部署：通过兼并与收购来巩固其在全世界范围内的霸主地位。

1996 年，波音公司收购了罗克韦尔公司的防务及空间系统部。翌年，波音公司宣布：总共出资 133 亿美金，正式兼并著名的麦道公司。至此，波音公司占据着全世界约 65% 的飞机市场份额，而新的波音公司的总资产也高达 500 亿美元，公司的员工总数达 20 万人。21 世纪初，波音公司与通用汽车公司达成协议，出资 37.5 亿美元收购其下属的休斯电子公司航天和通信业务部，从而成为世界上最大的商业卫星制造商。波音公司还是美国航空航天局（NASA）最大的承包商。通过各种兼并和收购，波音的实力愈加强大，波音 787 的问世便是这种实力的最好证明。2009 年 12 月 15 日，波音 787 首飞成功，它是世界航空史上首架超远程中型客机，被媒体誉为"梦想飞机（Dreamliner）"。2015 年底，在世界五百强公司的排名中，波音公司位列第 85 位，营业收入总计达 90 762 万美元。

近些年来，波音的发展遭遇了巨大麻烦：自 2018 年 10 月和 2019 年 3 月连续发生两起波音飞机空难后，包括美国在内的多个国家和地区都停飞或禁飞了波音的 737 MAX 系列机型。更让波音公司感到雪上加霜的是如下两组数据：一是波音 2019 年度的订单取消量超过了购买量，此为 30 年来首次；二是波音 2019 年度的订单交付量不及对手空客的一半，"全球第一大飞机制造商"的桂冠拱手相让。接连两起惨剧，使得波音在全球范围内遭遇了前所未有的信任危机，这也体现在波音的股价上。2019 年 3 月 11 日，波音股价从 422.54 美元 / 股跌至 375.41 美元 / 股，累计跌幅超 11%，市值蒸发 266 亿美元。2019 年 3 月 13 日，随着加拿大、美国先后宣布停飞波音 737 MAX 系列机型，波音股价再次下跌，跌幅一度达 2%。进入 21 世纪第三个十年，可以说波音遇到了自成立以来最大的困境。波音是解决这些难题后重振雄风，还是就此沉沦，我们只能拭目以待。

沧海横流，方显英雄本色。在世界航空发展变化莫测的大潮中，波音公司已经走过了一个多世纪的历程。回顾这一百年，我们可以看到，波音公司发展的历程也是世界航空史发展的一个缩影，波音本人在 20 世纪初就为公司未来的发展制订了核心理念，几经风雨和坎坷，波音公司已经成为"百年老店"。波音公司为人类的航空事业发展做出的多项杰出贡献，已载入史册。

1.2

异军突起：
空中客车的成长足迹

　　第二次世界大战对欧洲造成了难以估量的创伤，这也影响了欧洲人在世界航空领域的发展。至 20 世纪 50 年代末，欧洲的经济逐渐回暖，而欧洲人在航空领域的梦想也是"春风吹又生"。战后的美国在航空领域拥有三个在世界市场上占有优势的公司，并形成了以波音、麦道和洛克希德为代表的强大军团。尤其是随着波音 747 的发展，波音公司巩固了在商用飞机市场上的领先地位。一项数据揭示：20 世纪 60 年代末，全世界 84% 的商用飞机都由美国制造。这就是欧洲人所面对的现实。但是，欧洲人并没有被眼前看似不可逾越的波音阻挡住发展航空事业的脚步，他们凭借已有的工业基础，决定进军世界航空产业的尖端市场。那么，欧洲人是怎样励精图治，突破美国人的封锁，实现在大飞机领域内崛起的呢？

　　起初，二战后混乱的欧洲在航空领域起步都十分艰难，更何谈与美国抗衡？现实情况是举步维艰，困难重重。造成这种局面有很多因素，其中最为重要的是欧洲各国的民族主义者对邻国进口贸易设置了许多障碍，各国不能很好地合作，从而没有形成规模经济。此外，没有一个单独的欧洲国家的财政足以通过发展军用飞机，来给其民用飞机提供巨大的支持。用"一盘散沙"来形容二战后的欧洲航空业再恰当不过了。经过无数的争论、妥协与退让，志在与波音公司一较高下的欧洲人团结起来了！

英、法、德三个传统的欧洲强国首先做出表率。1967年9月，三国政府共同签署了一份谅解备忘录。欧洲人也深知，只有找到一个突破点才能与美国在航空市场上分庭抗礼，这个突破点就是A300。A300于1969年开始研制，于1972年正式投产（于2007年7月停产），它是一种中短程宽体客机，作为空客公司第一款投入的客机，它也是世界上第一架双发动机宽体客机。在A300进入航空市场之后，波音公司被迫调整计划，研制新型客机波音767。A300的研发标志着欧洲航空工业跨国合作的开始，为日后成立的空客公司奠定了坚实的基础。正是在这样的历史背景下，空中客车公司（Airbus）于1970年12月在法国成立，总部设在图卢兹。

最初的空客只是法国和德国的合资企业，后来西班牙和英国于1971年和1979年分别加盟。空客在美国人没有重视的情况下，悄悄"起飞"了。欧洲人对于空客的未来充满信心，他们坚信会从不可一世的波音手中抢到属于自己的市场份额。空客的财团销售部主任斯图亚特·伊多斯在谈到与波音竞争的时候曾说道："波音的优势在于它已存在半个多世纪了，而它的弱点便是它的成功。"

如果 A300 算是空客的起步杰作，那么下一步它要面临的难题就是如何崛起。空客只能再接再厉，乘胜追击。空客在起初的岁月里，屡屡受挫，饱尝苦果。但是，空客蓄势待发，与波音展开了激烈的"暗战"。1974 年，空客在与波音争夺印度航空公司订单的"战役"中取得胜利，这次失利也让波音意识到一个强大的对手正在崛起。

空客没有停止前进的脚步。1978 年 7 月 6 日，空客又研制了载客 150 名的短程机型 A310 和 A320，其中 A310-200 飞机是首架装配了电子飞行仪表系统的空客飞机。1981 年 10 月 6 日，一架装配了前视机组驾驶舱的 A300 飞机成功首飞，成为世界上第一架装配双人驾驶舱的宽体飞机。在 A320 之后，空客又研制了远程机型 A330 和 A340，而这两种型号的飞机是专门为了与波音 747、波音 767、波音 777 竞争而设计的。毫无疑问，空客已经进入与波音的白刃战之中了。

1989 年的一组数据体现出空客的崛起迫使美国人不能再按兵不动了：空客和波音的飞机订购数分别为 421 架和 887 架，价值分别为 2 050 亿和 2 820 亿法郎；而民用飞机交货数分别为 105 架和 285 架，价值分别为 300 亿和 860

亿法郎。空客的崛起已经动摇了波音公司在航空领域的霸主地位，美国人也将空客视为最大的竞争对手。

空客的信心越来越足，与波音展开对全球航空市场进一步的争夺。在 1998 年的上半年，空客取得了全球客机市场 52% 的份额，这也间接导致波音公司总裁罗恩·伍达德辞职。空客的员工在艰苦卓绝地努力了几十年后，终于迎来了一个伟大的转折。1999 年，空客首次赢得了 50% 以上的世界客机新增订单，从而在新订单方面超过了波音，完成了空客与波音全面抗衡的目标。能够在与波音的竞争中占得先机，关键在于空客使用了最新的数字仪表控制技术。在此之前，全世界的航空公司都对它抱着怀疑的态度，但是这种偏见随着空客长达十多年的安全记录而改变。空客的电传操纵技术以及后来不断改进的高技术驾驶舱也随之成为其与波音一较高下的优势所在，这恐怕也是波音的市场领地频频失守的原因之一。

进入 21 世纪后，空客乘胜追击，研发与管理双管齐下，通过自身的技术升级与经营改组，逐步提升竞争力。

一方面，空客在最尖端飞机上下足了功夫。2000 年 12 月 19 日，空客启动 A380 飞机项目。A380 是目前世界上唯一的双层客舱布局飞机，也是最大的商用飞机，最大载客量达 853 人，最大起飞重量为 575 吨，翼展达 79.8 米。2005 年 4 月 29 日，A380 成功地完成首次飞行，空客不惜巨资的主要目标就是打破波音 747 在大型客机市场上长达 30 年的垄断。

另一方面，空客在经营策略方面做出了革新。革新之前，在空客的经济利益联合体集团体制中，空客公司的4个成员属于4个国家，各个成员不仅有相互独立的研究战略，而且空客公司在做出一些重大决策时还要受到各国政府的约束。在一体化的新空客公司中，经济利益联合体的职能被上市股份制公司的职能所取代，各个成员所采取的是联合的技术战略，建立的是跨国的基础研究，并将欧洲的研究和技术网络纳入全球网络。尽管空客飞机的生产依然按照以前的分工在欧洲各地进行，但是新的股份制公司通过进一步整合，消除了不必要的重复，形成了统一的决策机构汇报体制。

2001年7月12日，空客公司的体制完成了从一个经济利益联合体集团到一体化的股份公司的转变，80%的股份由欧洲宇航防务集团（EADS）控制，20%的股份由英国宇航系统公司（BAE）控制。改制之后，空客公司将分布在欧洲4个国家的与空客相关的设计、工程和制造方面的资产剥离出来，归于统一的管理之中，纳入一体化的新空客公司。像这样由4个国家的伙伴在如此大规模的基础上建立的跨国企业不仅是在欧洲，就是在全世界也实属首创，它反映了欧洲航空工业多年来寻求建立更高效率、更有竞争力的运营机制的重大进步。在技术与经营两个方面的创新，确保了空客在世界航空市场中拥有强大的竞争力。

2007年12月13日，空客交付了公司历史上第5 000架飞机，这在世界航空发展史上是一项了不起的成就。当然，中国也很早就开始使用空客公司的飞机了。1985年，中国民用航空局华东局引进了空客公司的一架A310，这架飞机是在中国大陆运营的首架空客飞机。1994年，空中客车中国公司成立。1999年，中国航空工业第一集团公司与空客公司举行了工业合作的签字仪式。前国家主席江泽民（1994年）和胡锦涛（2004年）都曾先后参观过空客公司位于法国图卢兹的总部。2014年3月27日，中国与空客签署了一份以100亿美元购买70架空客飞机的订单，包括43架中程A320飞机和27架远程A330飞机。

回首空客崛起的成长足迹，涂露芳在《波音空客的世纪交锋》中指出欧洲人在与波音竞争中的获胜心得。其一，大胆采用新技术。空客最重要的技术创新在于各种机型的通用性。空客12种型号的飞机都具有相似的操纵模式和驾驶舱布局。高度的通用性使航空公司运营机队的灵活性大大增强，飞行员、工程师的培训费用也大大降低。其二，对飞机经济性能的追求，这一点顺应了航空公司压缩运营成本的强烈意愿。空客第一款产品A300就是凭借其燃油经济性，在20世纪70年代末的世界燃油危机中打开市场缺口，从而使空客踏上与波音争霸的道路。其三，灵活的销售策略。与波音层层请示汇报最后做决定相比，空客的销售部门有更大的自主权和灵活性。以上三点也正是波音走下霸主地位的症结所在。

如果说在"硬件"的比拼上，空客与波音各有千秋的话，那么"软件"，即两者的企业文化是否存在差距或者区别呢？这也正是我们想探寻的空客成功之道。曾有记者探访空客在法国图卢兹的总部后留下了这样的印象：空客的总部大约有 4 000 人，他们来自二十几个国家，却能够在和谐的氛围中一起工作，无论是车间里的工人还是总部大楼里的实习生，他们的脸上无一例外地洋溢着为空客工作的骄傲。

这是外人眼中的空客企业文化，那么空客的员工怎么样看待自己的企业文化呢？空客公司媒体关系高级经理芭芭拉·克拉赫特女士在记者提问其对空客公司多元文化的看法时回答："德国人和英国人来到空客总部法国图卢兹工作，用的是法国人的方式。但巴黎人来到图卢兹以后，却感觉来到了外国。"我们对空客的企业文化可以从克拉赫特女士幽默的回答中窥见一斑，那就是空客公司在采取跨国工作方式的同时，又保留了文化和语言的多样性。

世界航空市场的竞争惨烈程度不需赘述，"空客人"也一直没有放松与波音的明争暗斗，他们时刻通过经营改组与技术创新来提升自身的竞争力。2016 年末，空客集团宣布：将与旗下最大的子公司空中客车公司合并，从而实现集团内部更深层次的整合。根据新的重组计划，自 2017 年

1月1日起，"空中客车"取代"空客集团"成为集团新的名字，空客集团从此成为历史。

进入21世纪第三个十年，空客可能迎来一个重大的利好消息。众所周知，波音近年来麻烦不断：由于埃塞俄比亚航空公司的波音737 MAX客机坠机事故，波音737 MAX被要求暂时停止在中国境内飞行（已于2023年1月复飞）。此消彼长，这就给空客公司提升在中国的民航市场占有率创造了巨大空间。中国放弃波音转向选择空客的单通道干线机型，这与最近中美双方的紧张关系有关。2019年，中国航空器材集团与空客公司签署了批量采购协议，这笔价值、规模庞大的飞机订单包括290架A320系列飞机和10架A350 XWB系列飞机。从飞机价格的目录上看，我们大致可以知道这笔订单所涉及的金额将会达到3 000亿美元，当然最后的成交价格也会有一定幅度的降低。空客与波音谁都不愿意放弃拥有巨大潜力的中国市场！

虽然空客在与波音竞争的过程中已经拥有了足够的实力与底气，100座以上的民机市场，即大飞机领域几乎被这两巨头全部瓜分，航空公司抛出的订单非彼即此，别无他选。但是，在世界航空制造市场中，波音与空客竞争优势的此消彼长却非几个回合就能分出胜负的。原因如下：表面看到的是波音与空客两巨头你死我活的搏斗，其实背后是欧美政治经济实体的角力与妥协，这就决定了这场巅峰对决的长期性与复杂性。但是，从一个更高的层面看，对于世界航空业本身的发展来说，两巨头的激烈竞争能使世界航空科技水平获得突破性进展。纵观世界航空的百年发展历史，其实就是一部充斥着惨烈竞争的历史，飞机制造水平也在一轮又一轮的竞争中不断地飞跃。认真研究空客的成长足迹，总结空客的成功经验，对我国发展大飞机事业大有裨益！

通过欧洲人的努力，我们看到空客的成功是几个国家结盟的结果！通过有效的资本运作，使之形成合力，与强大的美国抗衡。以联合、合作的方式促进国家航空业的发展与壮大也许是一条可选之路。

1.3

抵御外敌：
波音与麦道重组联合

　　毫无疑问，假如没有空客的"异军突起"，以及麦道公司（简称"麦道"）的"繁华散尽"，很难想象波音会参与到这起兼并案之中。原本是竞争了半个多世纪的两个老冤家——波音与麦道，最后在美国国家意志的作用下"合二为一"，曾经的对手现在结盟为友，共同抵御"外敌"——空客。波音和麦道合并的意义远远超过了两个公司本身的发展，它影响了世界商用飞机产业的基本格局。

　　1996 年 12 月 15 日，世界航空制造业排行第一的美国波音公司宣布收购世界第三大航空制造公司——美国麦道公司，每一份麦道股份变成 0.65 份波音股份，总价值 133 亿美元。波音公司收购麦道公司，最大的受益者是美国！这起收购事件被称为"世纪兼并案"，在国际航空航天业界及经济界产生了巨大震动。那么，世界航空产业是怎么样从"三分天下"时代正式进入"双雄争霸"时代的呢？

这一切先从麦道公司日渐式微说起。麦克唐纳·道格拉斯公司（McDonnell-Douglas Corporation）曾经是美国制造飞机和导弹的著名企业。它也曾经是世界最大的军用飞机厂商，生产过著名的F-4和F/A-18以及"猎兔狗（Harrier）"战斗机。它还曾经紧随波音之后，稳坐世界航空领域的第二把交椅，并且占据着美国头号国防承包商的地位。不得不说，麦道拥有一个灿烂而辉煌的历史。在被波音公司收购之前，麦道公司也是两家飞机公司"合二为一"的产物，两家公司各自拥有一位伟大的创始人。

唐纳德·威尔斯·道格拉斯早年毕业于美国麻省理工学院，1921年，他创办了"道格拉斯飞行器公司"。1924年，第一次环球飞行由道格拉斯飞行器公司的飞机完成。其最著名的飞机为DC-3型运输机，这种飞机也被认为是飞行史上最重要的运输机。道格拉斯飞行器公司为美国，特别是美国海军制造了大量的飞机。道格拉斯飞行器公司刚刚建立的时候为美国海军制造鱼雷轰炸机，但很快就在这种飞机的基础上制造了很多变种，如侦察机和商用运输机。在公司建立五年后，道格拉斯公司的年产量达到了100架飞机。

20世纪三四十年代，道格拉斯公司生产了数以万计的飞机，也因此得到了空前的发展。道格拉斯公司曾被誉为现代民机的开拓者，作为美国最大的飞机生产商，其研制的DC-3型运输机被人们亲昵地称为"空中火车"，它飞遍了第二次世界大战的各个战场，并被苏联和日本大量仿制。在当时，就一种型号飞机的产量而言，生产上千架已经是凤毛麟角了。时至今日，只有波音 727、波音 737、伊尔-14、安-24 等少数机型能达到这一产量，但 DC-3 型运输机的总产量却达到了惊人的 13 000 多架。

现在来讲另一位先驱者——詹姆斯·史密斯·麦克唐纳。1939 年，他创办了"麦克唐纳飞行器公司"，麦克唐纳也毕业于美国麻省理工学院。以生产军用飞机为主的麦克唐纳飞行器公司，早就有涉足民用飞机领域的想法，只是苦于没有机会。

虽然麦克唐纳飞行器公司与道格拉斯飞行器公司都想通过进军"火箭"领域来寻求开辟新的发展道路，但它们最终并没有在新形势下转型成功，在两家公司前进的道路上，布满荆棘，困难重重。在面临相同的发展困境时，两位麻省理工学院的校友坐到了谈判桌前。1963 年，双方开始进行"合并"谈判。1967 年 4 月 28 日，由于经营不善，道格拉斯飞行器公司被迫与麦克唐纳飞行器公司合并为"麦道飞机公司"。1968 年，麦道公司开始生产 DC-10 型飞机，首架飞机于 1971 年交付使用。

麦道公司的发展并没有像大家期望的那样一帆风顺。虽然合并后成立了新公司，但二者一直没有真正融合到一起。人们期望的"军＋民"也没有发生"1+1>2"的效果。原因很简单：经营理念的分歧导致了严重内耗。他们的公司分设两地，麦克唐纳公司总部在密苏里州的圣路易斯市，道格拉斯公司总部则在加利福尼亚州的长滩市。再者，面对军用飞机和民用飞机两种不同的市场，两套班子的发展理念很难统一。两套班子的矛盾也直接影响了民用飞机的销售。客观地讲，民用飞机销售策略和军用飞机大相径庭，军用飞机主要面对军方，只要得到合同，资金就有了保障，其他竞争者也很难再插手。然而，民用飞机面对的是一个不断变化的市场，随时都会有几个制造商同时围绕着一项交易进行激烈的竞争。这两种不同的理念导致麦道公司的高层领导之间矛盾不断。在这种无形的内耗的影响下，麦道公司大伤元气，被兼并也只是时间的问题了。

那么，麦道是在什么局面下选择"加入"波音的呢？

从两个方面来看就自然而然得到了答案：从民用飞机方面看，波音用 50 亿美元研发出加长版的波音 747 飞机，而空客更是投资超过 100 亿美元去研制 550 座的 A380 飞机。作为老三的麦道，在与波音、空客的竞争中逐渐掉队，自身竞争力不断下降，其占世界民用客机市场的份额也从原来的 22% 降到不足 10%。从军用飞机方面看，麦道被一个"三合一"的对手全面压制。1994 年，洛克希德公司与马丁·玛丽埃塔公司合并，成立洛克希德·马丁公司。1996 年，他们又收购了劳拉公司的大部分业务，由此形成了强大的军机霸主，而麦道的销售额只是对手的一半而已。压死骆驼的最后一根稻草降临了：1996 年 11 月，五角大楼宣布联合歼击机 F-22 将从洛克希德·马丁和波音的样本中选择。所以，麦道总经理无奈地承认：麦道作为一家独立的公司，已经无法继续生存。另一项数据显示，1996年麦道公司只卖出了 40 架民用客机。曾经稳坐大飞机领域第三把交椅的麦道公司黯然退出了竞争激烈的舞台，留给后世的是遗憾还有反思！

麦道已经江河日下，而波音在世界航空市场上也感到阵阵寒风。1991 年之后，波音公司的营业收入和利润大体呈递减趋势，尽管其占据市场领导者的地位，产品订单很多，仍面临诸多发展难题。在《幸福》杂志全球500 家最大工业公司的排名中，波音从 1992 年的第 35 位降至 1995 年的第 166 位。在这样严峻的形势下，波音也在谋划着未来的新出路：与麦道"化敌为友"！

波音与麦道的联合，其主要的目的就是共同对抗美国人的"劲敌"——空客。波音公司前总裁弗朗克·舒龙茨曾经密访空客的总部图卢兹，他对空客的员工说道："前十年，我们没有把你们放在眼里；后十年，你们引起了我们极大的关注；今后十年，我们将感到担心。"从舒龙茨的话中可以听出，波音对于空客的崛起是多么忌惮。这并非杞人忧天，事实上 1993 年空客的营业额甚至超过了波音公司。

波音遇到的难题与那个时代背景息息相关。20 世纪末的国际形势趋于缓和，和平与发展因素日益增长，虽偶有局部战争发生，但是大国之间的对抗显然已经改变了模式，即从二战和冷战中的军事、政治领域转向经济技术领域，斗争的胜负不再是在战场上，而是在市场上。政治形势的变化直接导致的后果就是经济力量对比发生改变。美国经济地位在下降，欧洲经济与日本经济发展迅速。在航空航天业内，更是淋漓尽致地体现出了这种局势，表面看起来是波音与空客之间的"刀光剑影"，背后却是美国与欧洲之间的经济对抗。

美国政府终于出招了！为了维护美国的国家战略利益，政府决定促成波音收购麦道的"世纪兼并案"。美国国防部在这次兼并中处于主导地位，起到了关键作用。由于波音公司拿到了联合歼击机 F-22 的合同，但波音在制造军用飞机方面历史较短，迫切需要麦道公司的人力和战斗机制造经验。这样，双方各取所需，一拍即合。两大巨头，合二为一！波音公司和麦道公司合并之后，新波音公司的资产总额达 500 亿美元，员工总数达 20 万人。波音再次"军民合一"，军用产品年销售额超过 150 亿美元，成为世界上最大的军用飞机制造公司；合并后的波音公司成为名副其实的世界航空航天业第一大公司，也成为美国五角大楼最大的供应商。如今，波音和洛克希德·马丁任何一家公司的军品销售额，都是欧洲最大军工企业的两倍以上，美国人的如意算盘可谓一箭双雕。

欧洲人深知波音收购麦道对空客意味着什么，空客也决不能坐以待毙。新波音公司成立之后，第一项举措就让欧洲人心惊胆寒：波音与美国 3 家最大的航空公司签订了 20 年的独家供货合同，这意味着空客在美国市场上将无立足之地。空客必须采取相应的措施来防止新波音公司的垄断行为。通过欧盟委员会的精心策划，它们准备宣布新波音公司是"非法"的产物，意在让其胎死腹中。

虽然克林顿政府已经做出了与欧盟长久较量的计划，但是新波音公司却没有十足的底气，因为新波音公司最新的改进型波音 737-700 飞机的部分发动机是由法国国营飞机发动机研制公司提供的。反观空客，他们在美国拥有 800 个分包商，雇员达 5 万人，遍及美国 40 个州。欧美虽然剑拔弩张，但是新波音与空客双方都明白，一旦贸易战打响，必将两败俱伤。就在欧盟举起"屠刀"的前一刻，新波音做出了让步。新波音在双方争执的焦点问题上作出了妥协，决定终止 20 年的独家供货合同，并且在 10 年内不签订任何独家供货合同。新波音还在其他方面作出了承诺，欧盟随即也为波音与麦道的合并亮了绿灯。在销售方面空客暂时逃过一劫，但是它们对于新波音的强大仍然心有余悸。1997 年 1 月 6 日，空客宣布将设计制造载客量为 500～600 人的超巨型飞机，以迎接波音公司和麦道公司合并后的挑战。

继美国联邦贸易委员会于 1997 年 7 月 1 日宣布无条件通过波音与麦道的合并计划后，欧盟委员会于 7 月 23 日表示对该计划持积极看法，从而结束了波音公司与欧盟委员会之前长达两个月的激烈对抗，避免了欧美航空贸易战的爆发。1997年7月31日，欧盟委员会正式通过了波音与麦道的合并计划。迈过了最后一个障碍，波音与麦道双方的合并在1997年8月1日正式生效，新波音公司于同年8月4日正式营运。

在外界看来，麦道被波音收购，也许是一件"好事"。在欧美，技术和资本犹如一对孪生兄弟，只有两者都强大，才有可能持续发展。纵观航空百年的发展历程，我们不难发现，企业间的兼并和重组是实现规模经营的重要途径。在大飞机领域，麦道以一己之力对抗波音与空客两大巨头的局面很难持久，这也许是在无奈之下，做出的最正确的抉择！

波音与麦道的重组与联合，在一定程度上很好地完成了"抵御外敌"的任务，也给其他国家提供了一个"最佳案例"，通过此案例可以窥见顶尖科技公司之间的博弈与角斗。可以看到，这些巨无霸企业之间的竞争经常关系到一个国家，甚至十几个国家产业的兴盛与存亡。某些战略和尖端产业的兴废，直接影响国家经济、技术和军事发展的战略行动能力，波音与美国、空客与欧盟就是最典型的案例。美国政府与欧盟都曾经极力介入波音与空客的市场竞争和贸易纠纷中。从20世纪80年代开始，波音与空客已经出现了三次重大的贸易纠纷，并提交到世界贸易组织及其前身"关贸总协定"中来解决。在此过程中，美国政府和欧盟均通过外交途径深度介入其中。因此，大企业的整合和改制，往往是国家某种战略构想或战略计划的体现，决不单纯是企业利润和企业自负盈亏的问题。所以，在某些战略性产业上，大企业之间的市场竞争不仅是企业间的事，更是这些国家和政府间的大事。

1.4

理念对决：
A380 对垒波音 787

在金庸的小说《倚天屠龙记》中，倚天剑与屠龙刀是两把绝世兵器。而在当今世界航空领域的大飞机之中，空客的 A380 与波音的波音 787，也可称棋逢对手，将遇良才，堪称大飞机家族中的"倚天剑"与"屠龙刀"，他们代表着当今世界上最优秀的大型客机。戏谑来说，两家巨头公司频繁研制不同机型以与对方抗衡，可谓"你方唱罢我登场"，互有胜负。然而，A380 与波音 787 之间的比拼，实际上反映的是两家巨头公司对未来国际航空业发展的不同理念的竞争，就像"倚天剑"与"屠龙刀"，都是顶尖的兵器，然而用法却大相径庭。

那么，它们之间孰优孰劣？分别又代表着什么样的航空理念呢？

一言以蔽之：空客公司认为，未来通过大型枢纽机场进行中转的模式将是世界民航发展的方向；波音公司则认为，在城市之间增开"点对点"的直达航班更符合世界航空未来发展的趋势。正是因为这两种不同的理念，世界上最尖端的两种大飞机A380与波音787在空中开始了争奇斗艳。

需要说明的是，2021年12月，空客向阿联酋航空交付最后一架A380客机之后，即宣布A380停产。时至今日再来回顾，A380停产有多方面的原因。业界分析，主要原因在于其严重的交付延期、迟滞的销售、高昂的制造和运营成本、难以适应航空市场的变化和需求。虽然A380的生产制造停止了，但A380飞机依然在天空中翱翔。A380的诞生是划时代的，其影响也必然是深远的。因此，回顾A380的崛起之路及其与波音787的竞争之旅，具有重要的历史和现实意义。

首先来看空客的A380是如何诞生的。在20世纪90年代之前，波音747一直"统治"着超大型客机的市场。而空客公司不想只做旁观者，他们也希望与波音公司一决高下。1994年，空客宣布了研制超大型运输机的计划。起初，空客将其命名为"A3XX"。按照空客机型的惯例排序，这种机型应该命名为"A350"。但是，空客希望在跨越新世纪时有一个更大的飞跃，所以要越过"A350"这个名称。此外，受到文化上的影响，"A360"在英语世界里又有"转圆圈"之意，空客果断地放弃了这个命名；而"A370"中又有"死敌"波音的标志性数字"7"，更是让空客难以接受。最终，空客将自己的"盖世武器"命名为"A380"，还有一种说法提到"8"是为了迎合亚洲人口味而设定的。

2000 年 12 月 19 日，空客正式宣布自己的超大型飞机"A380 项目"启动。当时，预估第一架 A380 的研发成本为 110 亿欧元，由此可以看出空客的决心与代价。2005 年 1 月 18 日，首架 A380 在空客总部图卢兹的厂房举行出厂典礼。首架 A380 下线，引起了欧洲政要的强烈关注。空客因此也举行了盛大的庆祝仪式，法国总统希拉克、德国总理施罗德、英国首相布莱尔、西班牙首相萨帕特罗齐聚图卢兹，给这一盛事增添了喜庆的气氛。通过这次典礼，也能看出 A380 在欧洲人心目中具有非比寻常的重要地位。

空客将首架 A380 序号定为"001"，登记号码为"F-WWOW"。2005 年 4 月 27 日，A380 首飞成功，欧洲媒体在评论这次 A380 的首飞活动时，称之为"欧洲的胜利"。对于 A380 项目，欧洲航空界赋予了很高的期望。他们认为，A380 的意义并不仅仅在于飞机本身，它象征着欧洲的革新精神，同时也象征着巨大规模的跨国合作模式的成功。

同年 11 月，A380 首次跨洲试飞抵达新加坡。A380 在连续 15 个月内完成了 2 200 个飞行小时的飞行，其认证飞行测试在 2006 年 11 月 30 日完成环球技术航线验证飞行之后结束。2006 年 12 月 12 日，欧洲航空安全局和美国联邦航空局正式向空客公司颁发 A380 飞机的型号合格证。首架 A380 飞机于 2007 年 10 月 15 日交付给启动用户——新加坡航空公司。A380 的崛起打破了波音 747 在远程超大型宽体客机领域统领 35 年的纪录，自此成为全球载客量最大的民用客机。

　　A380 的技术参数与性能指标令人刮目相看，它全长 72.7 米，翼展 79.8 米，高 24.1 米。它使用四台发动机，是设置了 550 座级（最多可达 853 座）的超大型远程宽体客机。A380 内部客舱最大宽度为 6.5 米，航程约 14 800 千米。它的部件分别来自 16 家制造厂：德国汉堡制造机身前段和后段；40 米长的机翼产自英国；机身中段来自法国南特；升降舵由西班牙制造；飞机总装、试飞、交付在法国图卢兹进行。空客公司宣称：A380 飞机是当时投入运营的远程飞机中最安静的飞机，噪声只有其他飞机的一半。"空客人"骄傲地说：A380 是一位优雅的"空中巨人"。按照他们的描述，A380 飞机拥有比竞争机型更宽的座椅、更大的空间、更广的可视范围，地板面积比竞争机型多 50%，座位数多 40%。而"空客人"口中的竞争机型正是波音 747。

　　A380 的全双层宽体机舱设计为每一位乘客提供了更加宽敞的空间。机舱内的空气每三分钟就可以更换一次。220 个舷窗让机舱内的乘客可以享受更多的自然光。A380 的机舱配备了为客机研发的最先进的机上娱乐系统，光纤配电网络使电影、视频游戏和电视节目的选择更加灵活完备，也有更多的开放空间。在飞机上乘客还可以使用便携式计算机以及打电话。A380 的底舱可选择设置为休息区、商务区、酒吧或其他娱乐区。

在 A380 的庞大身躯下，空客尖端的核心技术为其保驾护航。A380 集合了低能耗、高效率、低噪声、高舒适性等优点，给全球民用航空市场的发展带来了革命性的转变。A380 可以说是人类航空历史上一个先进科学与技术结合的代表之作，它是一个由总共 400 多万个零部件组成的特大号精密拼图，这些数量惊人的零部件共同组成了当代最先进的超大型客机，它环保、安静，从驾驶舱到机尾，每一处无不充满了革新的顶尖技术，是欧洲人引以为傲的智慧结晶。A380 也绝不会忽视中国市场的巨大潜力。2011 年10 月 17 日 10 时，满载旅客的南航 A380 飞机从北京首都国际机场起飞，一路向南，于北京时间 13 时 15 分稳稳地降落在广州白云国际机场，标志着中国首架 A380 飞机成功首航。

然而，在欧洲人欣喜若狂的背后，是空客公司对 A380销售前景的一丝担忧。在技术上，A380 获得了极大成功，它是"空中巨无霸"。但是，A380 在市场上却显得有些"步履蹒跚"。按照 A380 目前年生产交付 30 架的速度，至少需要 8 年时间，才能达到盈亏平衡点。而地域政治的动荡，经济、金融、市场等外部环境的变化，都将成为影响

A380 销售的不确定因素。跟踪报道大飞机新闻的记者白若水指出："作为一款四发超大型远程宽体客机，A380 具有载客量大、航程远、运输能力强的优势，但价格非常昂贵，对于机场设施、地面维护、人员培训和后勤保障等方面的要求极高，航空公司投入的成本不是短期就能收回来的，一般运营商根本用不起。"

再来看波音公司的"掌上明珠"——波音 787 的诞生之路。20 世纪末，波音面临着不利的局面，即争夺主要市场的双发机型波音 767 在与 A330 的竞争中处于下风。穷则思变，波音公司决定研发其替代产品，向国际航空市场推出"声速巡航者（Sonic Cruiser）"。但事与愿违，诸多因素导致波音并没有促成这种新型飞机的面世。波音随即迅速做出调整，代之以波音"7E7"。当中的"E"可解释为"efficiency（效率）""economics（经济性）"；也可解释为"environmentally friendly（环保）""extraordinary comfort and convenience（超凡的乘坐舒适性和便利性）"以及"enabled（电子化系统）"等。

波音公司认为：波音的"7E7"将为航空公司降低运营成本，创造更多利润，同时为乘客提供更舒适的客舱环境以及更多的不经停直飞航线。2005 年 1 月 28 日，波音公司正式将新飞机命名为"波音 787"。2007 年 5 月下旬，首架波音 787 开始总装。2009 年 6 月 23 日，因为飞机结构问题，波音第五次宣布推迟波音 787 的首飞时间。

2009 年 12 月 15 日，经过漫长的等待，美国西雅图时间 10 时（北京时间 16 日凌晨 2 时），在华盛顿州埃弗里特市的潘恩机场，迈克尔·卡瑞克尔和兰多尔·内维勒两名飞行员驾驶的波音 787 飞机顺利升空，在飞行了四个多小时后返回地面，首飞成功。"波音人"也因此长出了一口气。

波音 787 飞机的技术参数同样令人赞叹，首架波音 787 飞机全长 57 米，翼展 60 米，高 17 米。它可以设置 210～250 个座位，内部客舱宽度为 5.4 米，航程为 11 910～14 140 千米，飞机的巡航速度达到 0.85 马赫，可由洛杉矶直飞伦敦，或纽约直飞东京。波音 787 的内部客舱采用经典三舱布局，其中头等舱 4 座、公务舱 24 座、经济舱 200 座。

波音 787 因大量使用复合材料、发动机低耗能低排放、数字化程度高等一系列先进的技术革新而被称为"梦想飞机"。其中比较引人关注的是，该客机机身采用了碳纤维复合材料，这种复合材料类似于一级方程式赛车中所使用的碳纤维复合材料。整架飞机使用物料按重量排列分别为：61% 的复合材料（碳纤维）、20% 的铝、11% 的钛和 8% 的钢。然而，波音 787 飞机并没有让波音公司和使用者彻底放心。在 2011 年投入营运之后，现全球共交付了 50 架波音 787。2013 年初，波音公司遭遇了小麻烦，波音 787 飞机陆续出现电池过热问题，在各个国家被下令停飞，随后

经过技术修正，波音787重回蓝天。

虽然A380与波音787分别是空客与波音两巨头的代表杰作，但是空客并不认为两者之间会有直接的竞争。相反，空客面对波音787时派出的是另外一位"高手"。2005年10月，空客公司启动"A350项目"，A350是与波音787同型号的飞机，未来空客将据此与波音展开新一轮竞争。空客这个最新型A350宽体客机不仅拥有超远程飞行能力，而且A350-900和A350-1000的座级可达350人和440人。尤为值得一提的是，这两款机型在航程上都超越了波音787系列飞机。

波音深知，第一代的波音787还没有真正达到"梦想飞机"的标准，仅仅停留在某一阶段，那么A350击败它只是时间的问题。所以，波音加快了完善、更新与升级的脚步。2017年2月17日，波音787家族中的第三名成员，也是"体格"最大的"梦想飞机"波音787-10在波音公司位于南卡罗来纳州的查尔斯顿工厂首次亮相。波音公司为其准备了隆重的亮相仪式，美国总统特朗普也来到现场为波音"站台"。特朗普在看见波音787-10的那一刻，不禁惊呼："这真是一件了不起的艺术品！"根据波音公司的计划，首架波音787-10飞机已于2018年交付启动用户新加坡航空公司，空客与波音之间的机型之争、"枢纽对枢纽"与"点对点"之间的产品理念之争更加激烈。波音787在全球航空市场获得了极大的认可。截至2020年初，波音公司不仅手握 82 家航空公司近 1 500 架波音 787 的订单，而且已经交付了 60 多家客户近 1 000 架飞机。

中国对波音的"梦想飞机"也采取积极尝试的策略。海南航空公司从 2014 年 1 月 10 日起，启用波音 787-8 双发宽体客机执飞北京—芝加哥、北京—西雅图航线。海航已开辟 24 条国际（地区）航线，以中美航线市场为主，在中欧航线市场也占有一定份额。海航也着手引进波音 787-9 客机，开拓北京至东欧、拉美、非洲等新兴市场的航线。

更远还是更舒适？这是个问题！世界航空两巨头对未来市场的不同理念，也直接影响了他们在研制大型飞机时的策略与计划。空客预测在未来洲际民航市场中，A380 可以实现在大型枢纽机场之间直飞，然后再用其他机型的飞机将乘客由枢纽分流到附近其他地方的功能；自 2011 年投入商业运营之后，波音 787 就被业界定位为"枢纽挑战者"的角色，而波音也顺势不遗余力地推广其"点对点"的直飞理念。A380 与波音 787 可谓"绝代双骄"，然而他们也在发展的道路上分别遇到了不少麻烦与难题。进入 21 世纪的第三个十年，空客与波音暂时平分秋色，但未来在不同理念的指引下，他们还能势均力敌吗？让我们拭目以待！

1.5

"空军一号"：
大飞机家族的明星成员

虽然在大飞机家族中有许许多多"能征善战的勇士"，也有"身怀各种绝技的英雄"，但是有一个闪耀在大飞机家族中最炫的明星——"空军一号"。

首先需要澄清的是"空军一号"的概念。起初，"空军一号"并不是一架飞机的代号，而是一个无线电呼号。无论是什么飞机，只要现任美国总统乘坐，在无线电航空管制系统中，它就会被赋予"空军一号（Air Force One）"的代号。如果是直升机，则被称为"陆战队一号（Marine One）"。这里还需要着重说明的是，"空军一号"不仅仅是一架美国总统的专机，更准确地说，"空军一号"是美国总统出行时的一个强大团队的代称。

这个团队的强大，从其成员的配置就可窥见一斑。"空军一号"专机有两架"鸳鸯"飞机，运载总统的主机飞到哪，备用副机就跟随到哪。如果主机发生意外的机械故障，总统可以随时换乘备用副机。美国总统在出国访问时，至少还有 1 架美国国家情报局的通信飞机陪同，它的目的是监测可能来袭的导弹电波。此外，美国军方还需要配备两架总统直升机、多架"大力神"军用运输机以及 10 辆防弹汽车随行。由此看来，"空军一号"绝不是一架单独的飞机。"空军一号"的所有飞行都属于美国空军的军事行动，它由位于马里兰州外的安德鲁斯空军基地的总统飞行组负责。

相比于其他飞机，"空军一号"在世界范围内受到如此大的关注，就是因为它是世界头号强国的领导人专机，也被称为"飞行的白宫"。"空军一号"的设计理念始终秉持着"总统在地上能干什么，在空中也照样能干"的原则。目前，美国总统最常用的是两架 VC-25A 飞机，尾号为 SAM28000 和 SAM29000，它们从 1990 年开始服役。近些年来美国总统乘坐的"空军一号"是从波音 747 改进而来的，而它的前任就出自波音家族的第一架大型喷气式客机波音 707。波音 707 本来是作为货机制造的，后来，美国军方发现它完全满足军事需要，随即启用。"空军一号"在不进行空中加油的情况下，其最大航程可达 11 490 千米，在空中滞留的时间约为 12 小时。此外，如果进行空中加油作业，那么加油后的"空军一号"能在空中滞留 72 小时，足以保证将美国总统送往全球任何一个角落。在进行空中巡航时，"空军一号"可以作为总统的临时军事指挥中心。

那么，"空军一号"是如何而来的？

王钟强在《两翼齐飞书写百年辉煌——波音军民融合的启示》中给我们讲述了这样一个历史故事：波音707之所以能成为美国总统的专机，是因为当年美国国务卿杜勒斯向艾森豪威尔总统报告，苏共中央总书记赫鲁晓夫要乘坐图-104喷气式飞机出席国际会议，以此向美国总统示威。于是，艾森豪威尔便请空军上将柯蒂斯·李梅为他推荐一架喷气式飞机。李梅对波音生产的KC-135空中加油机非常满意，因此便推荐了与KC-135同源的波音707。艾森豪威尔总统在军方提交的报告上十分爽快地签上了自己的姓名，同意订购3架。艾森豪威尔一锤定音，改变了以往都由道格拉斯和洛克希德公司提供总统专机的历史，由波音制造"空军一号"的惯例一直沿袭至今。

"空军一号"的机身涂装是由美国前总统约翰·肯尼迪确定的，涂装需要漆上美国的全名，并且要在飞机垂直尾翼上漆上美国的国旗，前舱门的右下方有一个总统座机标志，这一系列设计就是希望"空军一号"能够成为美国的一个象征。

作为美国精神的象征，"空军一号"又因何而成功？

首先，就是"空军一号"的安全性。万无一失是"空军一号"所有性能设计的第一要求，美国人也骄傲地认为它是"世界上最安全的飞机"。"空军一号"拥有世界上最尖端的防御系统，其自带许多美国人引以为傲的"装备"：复杂而特殊的"防卫盾"可以使"空军一号"抵御核爆炸产生的电磁脉冲，"AAR-54"导弹预警系统、"AAQ-24""复仇女神""斗牛士"干扰机以及定向武器系统能够与美国陆海空天电磁的全维侦察网络融合，有效监视、干扰、迷惑和摧毁敌方的导弹袭击，并及时通知附近的美军或盟国战机提供空中支援。

　　此外，从这个细节看到美国人对"空军一号"的安全性重视到何种程度——安检。美国总统随行人员在登上"空军一号"前要经过7道检查程序，以确保登机成员的真实性。首先，白宫需要认真核对乘客名单；其次，需要进行安全检查，包括特勤局的搜身、爆炸物搜索等；最后登机时，享有极大安保权力的"空军一号"警员会最终检查和确认在安全上有无漏洞。"空军一号"的安检也具有特殊性：只有总统和总统家人可以在飞机的前部登机，其余人员一律从后部登机。为了确保绝对安全，每次"空军一号"起飞之前，都有另一架飞机先行起飞，机上装载着总统的豪华防弹轿车以及一大堆轻型武器和弹药。据说，每次总统出门时，永远都会有一名军官帮他提着那个著名的手提箱，通过手提箱里的按钮装置，总统可在美国突然遭遇攻击时下令发射核弹还击。

　　"空军一号"对自身性能的要求也是精益求精。它每天24小时都处于准备起飞状态，18名机组人员和最精密的仪器使它能在任何时候、任何地方与白宫保持最紧密的联系。

"空军一号"是用波音 747-200B 巨型四发客机的机体改装加固而成的大飞机。这种大型、多发动机飞机天生具有比战斗机强大得多的抗打击能力，一般的高射炮、高射机枪很难将其击落。目前世界上最先进的美制 AIM-120 中程空空导弹的弹头重量只有 22 千克，一枚导弹就可以轻易击落一架战斗机；但即使连续被两枚这种导弹击中，也未必能令 400 多吨重的"空军一号"坠落，由此可见，世界头号强国的总统专机，抗打击能力之强！

一般的导弹对"空军一号"无可奈何，那么它如果遭受突如其来的撞击会怎么样？举例说明，"空军一号"的翼展约 60 米，是翼展约 10 米的现代战斗机的 5～6 倍，如果波音 747 之类的大型飞机主动用机翼撞击世界上最先进的美国 F-22 战斗机，那么可轻易将 F-22 战斗机"置于死地"，而大型飞机的机翼，可能只是擦破一层皮而已。戏谑地讲，这就类似于在高速公路上，小跑车与大卡车之间的对撞。此外，在"空军一号"出航时，美国空军会全程配备最先进的战斗机和预警机护航，任何外来飞机在还没有接近"空军一号"时就早已被美国战斗机击落了。

那么，"空军一号"真的可以在空中高枕无忧吗？其实，大型远程防空导弹就可以将"空军一号"击落。大型远程防空导弹弹头超过 100 千克，美军发射的这类导弹就曾把伊朗的空客大型客机的整个机翼炸下来。显然，这类导弹才是大飞机的克星。然而，大型防空导弹体积和重量都太大，操作极其复杂，是几个世界顶尖军事强国才具备的尖端武器。很难想象类似恐怖组织等少数人会拥有并且用这么笨重的庞然大物去袭击"空军一号"。

每一位美国总统都有专属的"空军一号"机长。美国前总统奥巴马第一次和他的机长见面，是在就职典礼当天。2009年，为表彰因成功在哈德逊河上紧急迫降而挽救了150名乘客生命的英雄机长萨伦伯格，奥巴马特意邀请萨伦伯格及其机组人员驾驶"空军一号"。就此看来，能够成为"空军一号"的掌舵人也是一种莫大的荣耀。

"空军一号"之所以成为大飞机家族中的明星，就是因为它参与了太多的国际重大事件，曝光程度远高于其他大飞机。1962年10月，美国正式使用编号为SAM26000的"空军一号"。翌年，肯尼迪在美国得克萨斯州达拉斯市遭枪击身亡，其遗体由SAM26000运回华盛顿。美国前副总统林登·约翰逊在这架飞机上宣誓就任美国第36任总统，成为迄今为止唯一一位在飞机上就任的美国总统。第37任美国总统理查德·尼克松于1972年2月乘坐SAM26000开始中国之行，并伴随他在中国度过了"改变世界的一周"。

好莱坞当然不会放过这么具有商业价值的噱头。在1997年，电影《空军一号》上映，这部影片讲述了越战美军英雄出身的美国总统吉姆·马歇尔以大无畏的勇气和智慧，率领忠勇特工，跟恐怖分子展开了坚决斗争，最终取得全面胜利。美国人使用一架真实的波音747-146参与电影《空军一号》的拍摄。这部电影也成了美国人展示这架明星飞机的最佳宣传片。

有的美国总统在卸任时，对"空军一号"恋恋不舍。2001年，美国前总统克林顿在离开白宫的那一刻，道出了他将会怀念的三件事："我会怀念戴维营，会怀念海军陆战队乐团，还会怀念乘坐'空军一号'的感觉。"美国前总统小布什在卸任多年之后，还满怀惆怅地说："我一点也不怀念当总统的日子，但是很怀念'空军一号'"。

美国前总统特朗普于2017年来中国时乘坐的"空军一号"一共有两架，尾号分别为SAM28000和SAM29000。其中一架作为主机，一架作为备用副机，但会同时起飞，所以特朗普到底坐的是哪一架就不确定了。现役的"空军一号"30年的计划使用年限即将到期。全新的"空军一号"将基于两架波音747-8大型客机改造而成。

目前，美国空军已经为这一项目申请了数十亿美元预算，但有观点认为，新"空军一号"的改造工作预计到2024年才能结束，由于耗时数年之久，项目最终造价可能会远超预算，因此，五角大楼在这次的更新飞机事件中颇为小心，始终强调压缩开支，所签订的协议也只是前期论证的初始合同，金额仅为2 580万美元。有数据可以体现这位"明星"的身价，"空军一号"在空中每飞行一小时就要花费约20万美元。

2017年2月17日，美国总统特朗普在参观波音南卡工厂时，曾严厉地批评波音，还声称要取消向波音订购新款"空军一号"，因为造价太高了。特朗普在推特上表示："波音正在为未来的总统建全新的波音 747'空军一号'，但成本失控，超过 40 亿美元。取消订单！"看似只是一条几十个字的推特，却导致波音公司市值瞬间蒸发 5.5 亿美元！虽然特朗普对"空军一号"颇有微词，但是作为美国总统，他还是乘坐这个"飞行的白宫"往返于世界各地。

然而，国家最高元首拥有象征意义的专机并非只是美国人的专利，其他国家的领导人也期望拥有自己的"空军一号"。俄罗斯总统乘坐的伊尔-96-300 就是俄罗斯人心中的"空军一号"，该机飞行速度为 850～900 千米 / 小时，航程为 9 000～11 000 千米，俄总统专机在境内飞行时，还有两架苏-27 或米格-29 战斗机为其保驾护航。俄总统事务管理局新闻秘书赫列科夫透露，新接收的第 4 架伊尔-96-300 不是严格意义上的总统专机，除总统以外，俄外长、议会议长等国家领导人也可乘坐。看来，在经济危机的大背景下，俄国家领导人也作出表率，节约出行开支。

第 2 章

他山之石：
回望世界航空发展史

波音与空客在大飞机领域的竞争极为惨烈，但这并没有让其他国家放弃研发大飞机。苏联、日本、巴西、加拿大和印度尼西亚等国，都希望能在航空制造业的尖端领域分一杯羹。然而，从这些国家研发大飞机的历史来看，大部分国家都折戟沉沙，有的国家甚至损失惨重。他山之石，可以攻玉，这里我们希望通过回顾除波音与空客之外的大飞机研制案例，从历史的维度去探究这些国家在发展大飞机事业方面所获得的经验与教训。

加拿大的庞巴迪公司（简称"庞巴迪"），虽然起步比波音晚，但是凭借其"聪明"的选择与出色的经营策略，在波音与空客的忽略地带顺利生根发芽。经过几十年的发展，庞巴迪成为与巴西航空工业公司（简称"巴航工业"）瓜分支线市场的双雄之一。此后，庞巴迪公司在大飞机尖端领域也是跃跃欲试，渴望大显身手。日本通过"双管齐下"的方式力图研制出自己的大飞机。所谓的"双管齐下"，是指一方面，日本通过与波音、空客等公司进行密切的合作吸取其他公司制造大飞机的经验和技术；另一方面，日本也积极地探索自己制造大飞机之路。

在众多发展中国家与新兴经济体中，印度尼西亚的航空制造业起步较早。如果说加拿大发展大飞机的经验是无奈地甘居人后的话，那么，印度尼西亚发展大飞机的遭遇可能就是"天灾＋人祸"。对于印度尼西亚而言，遭到的是毁灭性打击。在军用飞机领域，苏联时期的大飞机足以与美国分庭抗礼。苏联解体之后，俄罗斯始终处在漫长的经济复苏阶段。尽管俄罗斯人的经济发展举步维艰，但是在大飞机的研制领域内，他们却是负重前行，没有放弃在飞机研制领域内的努力与奋斗。

波音与空客在相互制约与相互竞争的同时，都密切关注着其他国家在大飞机领域的进展。在支线市场想有所作为的巴西与加拿大，最终还是没有挣脱波音与空客的"魔爪"，两个国家在无奈之下迅速"站队"，在当时形成了"空客＋庞巴迪"与"波音＋巴航工业"的大飞机领域两大阵营。同时，传统观念下的支线市场与干线市场的区分也随之消失。世界大飞机领域在高速发展，也在发生着深刻变化。其他国家的经验都是值得我们重视与深思的案例。吸取他们的教训将为我国发展大飞机事业提供极为有益的借鉴。

2.1

不甘雌伏：
日本大飞机产业的进程

日本人对于飞机的痴迷，由来已久。无论是在现实生活中还是在艺术创作领域内，都可以看到日本人对飞机的情有独钟。著名的日本动画大师宫崎骏，在他的名作《起风了》中就创造了一名以零式战斗机设计师堀越二郎为原型的男主角。在二战结束前，日本在飞机制造领域取得了累累硕果。有一项数据表明，到二战结束时三菱名古屋工厂大约生产了1.8万架飞机，当时日本的飞机制造业水平由此可见一斑。然而，二战战败之后，日本的航空业和相关产业迅速衰败。

那么，二战结束后的日本在飞机研制和生产领域就会坐以待毙吗？答案是否定的。

总体而言，日本通过"双管齐下"的方式力图研制出自己的大飞机。所谓的"双管齐下"，是指一方面，日本通过与波音、空客等公司进行密切的合作吸纳其他公司制造大飞机的经验和技术；另一方面，日本也积极地探索自己制造大飞机之路。

二战结束后，日本成了战败国，国际社会因而极大地限制日本发展任何军事力量。但是，近些年来，日本右翼势力不断地鼓吹日本需要增强其保护自身的能力，制造日本自己的大飞机成了一个堂而皇之的借口。其实，制造大型民用飞机与大型军用飞机，在技术层面有许多共通之处。日本凭借其高新科技水平与工业化能力，在制造大飞机方面，技术风险较小。进一步而言，两者可以相互转化也可以相互利用，日本也早就谙熟此道，为实现日本人的大飞机早日腾空而默默努力。

二战结束后，日本发展制造大飞机的历程可以分为三个阶段。

第一阶段，休养生息，伺机而动。由于二战的原因，美国禁止作为战败国的日本制造飞机。因此，"禁飞令"就成了日本发展一切军事力量包括大飞机在内的"紧箍咒"。不甘雌伏的日本采取了这样的策略：

一方面，选择暂时性地休养生息。由于与喷气式飞机相关的设计制造经验不足，因此日本的四家航空制造企业（川崎重工、富士重工、日本飞机株式会社、三菱重工）初期都选择从美国购回技术授权仿造，并且负责为美国的航空企业生产部分配件以及维修工作，通过这种方式，日本航空工业从20世纪50年代初开始逐渐恢复。

另一方面，对研制和生产新型飞机伺机而动，即希望通过自己的努力重新回到研制飞机的世界前列。但是，在一段时间内日本被禁止研发和生产任何飞行器。"禁飞令"对日本来说，最难以弥补的创伤就是让日本在飞机制造领域直接掉队。因为，等到"解禁"之后，飞机制造领域已经从日本最熟知的螺旋桨飞机时代进入了喷气式飞机时代。如果再起步的话，显然已经无法在飞机制造领域有所建树了。

第二阶段，明修栈道，暗度陈仓。日本在二战后得到了两个重新发展航空业的转机。一个是朝鲜战争的爆发，这让美国调整了对日本的政策。这也给日本重新进入飞机制造领域提供了契机，表明套在日本航空业头上的"紧箍咒"松动了。三菱重工联合多家日本的飞机制造企业重新开始研发飞机。1962年，三菱重工等公司合作研制了YS-11型螺旋桨式引擎客机，这款飞机的设计师是零式战斗机最初的工程师之一的东条辉雄，其父就是臭名昭著的二战甲级战犯东条英机。然而，出于各种原因，这款飞机大约10年后停产了。进入20世纪70年代，日本的四家航空企业联合研制中型运输机C1，一度让日本人看到了大飞机研制的曙光。但是，随后C1暴露出运载能力差和续航时间短的弊端。

日本航空业的另一个转机是随着国际航空业发展，在制造飞机方面，逐渐开始实行外包的生产模式。这就给了做工精良的日本制造企业大展身手的机会。由此，日本企业开始承担越来越多的波音外包业务。进入 20 世纪 80 年代，日本又没有坚持继续自主研发，四家航空公司选择参与国际企业合作的发展方式，转向了转包生产和零部件组装等业务。通过以下几个数据，就可以看到日本以"明修栈道"的方法"暗度陈仓"：三菱重工一直为波音公司开发和生产波音 777 客机约 21% 的机体；川崎重工负责开发与生产波音 777 客机的中间机体部分；日本航空制造企业承担着 A380 客机 3% 的研发与生产任务。此外，一些日本企业还一直垄断着诸如客机厨卫设备等机内设施的设计制造工作。

虽然日本企业推出 YS-11 之后没有继续研制大中型客机，但是三菱重工和其他制造商与美国航空巨头波音公司保持合作关系，成为后者主要的零部件供应商。波音的新款波音 787 客机 35% 由日方企业制造，包括机翼、中央翼、前机身和起落架舱。通过在国际航空产业链中占据越来越多的份额，日本企业逐步具备了设计、研制和生产大飞机的全部技术和经验，剩下的就只是日本政府的态度。

第三阶段，硕果初成，其路漫漫。具体而言，在第二次世界大战之后的日本通过转包生产的方式，民用航空业取得了很大的进步。日本航空业整机研制相对萎靡，发动机产业迅速崛起，在机载系统和航空材料领域取得了长足的进步。正是因为在一些单项技术上拥有雄厚的实力，在三菱支线喷气式客机（MRJ）项目启动之初，日本举国上下都充满了信心。

进入新世纪之后，日本政府开始为向大飞机制造领域进军做准备。2003年，日本政府宣布为研发小型节能飞机提供资金支持。到2005年，三菱重工已做好了研发喷气式客机的准备。2008年这一项目获得了来自日本汽车巨头丰田的资金支持。三菱重工也在2008年正式决定研制MRJ并成立了三菱飞机公司。三菱重工在二战期间生产了著名的零式战斗机，战后继续成为日本军工巨头，为自卫队制造F-15和F-2型战斗机以及其他武器装备。MRJ的研发获得了美国波音公司的协助以及日本政府和企业界的支持。

三菱起初希望这款客机于2011年首飞，但是由于修改设计等原因，进度一再拖延。三菱飞机公司希望这款飞机能打进全球市场，与巴西航空工业公司和加拿大庞巴迪公司争夺中小型喷气客机市场。MRJ的卖点包括燃油经济性、客舱舒适性和对环境污染小。它采用美国普拉特·惠特尼公司（简称"普惠公司"）生产的发动机，可比同类型客机省20%油，它的最大航程接近4 000千米。

2015年11月11日，日本第一款国产喷气式支线客机MRJ完成首次试飞，向争夺全球市场迈出第一步。

这是日本时隔大约 50 年首次研制客机，开发费用大约为 1 800 亿日元，造价约为 17 亿美元。首架 MRJ 客机于 2015 年 11 月 11 日在日本爱知县名古屋机场起飞，大约一个小时后顺利返回着陆。三菱飞机公司在网站上直播了试飞过程。它是日本在第二次世界大战后研制的首款喷气式飞机。MRJ 为双引擎喷气式支线客机，分为 MRJ90 和 MRJ70 两个系列，分别为 90 座级和 70 座级。

MRJ 飞机的零部件只有约三分之一来自日本国内，其他重要零部件均和波音一样进行全球采购，其中包括来自美国普惠公司的最新发动机。MRJ 曾获得 223 架确认订单，最大客户来自海外，为美国航空运营商跨州控股公司，订货量为 100 架。在日本国内，MRJ 获得了两家最大本土空运商——全日空航空公司和日本航空公司的订单。三菱公司也希望在全球市场上售出超过 2 000 架 MRJ。

但是，日本人的大飞机之路在看到一丝曙光之后又蒙上了许多阴影。也许是因为日本没有自研技术作为支撑；也许是因为 MRJ 的目标市场呈萎缩的状态；更直接的原因可能是长期投资得不到回报，就像一个"血窟窿"，难以承担。2017 年 2 月 26 日，日本国内《读卖新闻》刊登消息称，三菱重工已经在前一天宣布降低 MRJ 飞机的产量，由原计划到 2020 年实现月产量 10 架骤减到月产量

1架。2021年5月，三菱飞机公司将注册资本由原先的1 350亿日元减少到5亿日元，缩减幅度达99.6％。2022年3月，三菱公司关闭了位于美国华盛顿州摩西湖机场的试飞中心，冻结研发的MRJ原型机的2台发动机已被拆除，表明MRJ项目已彻底结束。

此外，日本还在运输机上面花费了不少精力。曾经号称亚洲第一的XC2运输机（现已经更名为"C2"）全长43.9米，空重60吨，最大起飞重量约为141.2吨，最大航程约为9 800千米。C2运输机也堪称日本航空工业这么多年来的心血之作，从2001年开始研制，2010年首飞，直到2016年6月30日正式交付使用，这也许是日本人在大飞机之路上仅有的一丝"安慰"吧。不甘雌伏的日本，在研制和生产大飞机领域还有很长的路要走。

美国并没有真正地把日本当作"朋友"。虽然日本保有"世界级分包商"的光环，但是日本的航空工业也潜藏着巨大的隐患。中国航空报记者袁立新这样分析其中的原因：第一，日本航空产业链看似完整，但是各个环节发展失衡，日本虽然在电子技术、机体复合材料研发与加工工艺等方面有着突出的优势，但是在基础研究领域却相对薄弱。比如日本至今没有完整的风洞体系，在空气动力学研究方面一直乏善可陈，这严重制约了其飞机研制和设计能力。第二，尽管日本参与了很多大型客机研制项目，但是并没有完全自主地设计过民用客机，没有走完过民机研制的全部流程，特别是在喷气式民用客机领域更是近乎空白。

2019 年 11 月，曲小在《MRJ 项目再次延期的思考》中曾对 2020 年后的 MRJ 的前景给出这样的分析："在波音与巴航工业成立合资公司后，三菱飞机将从波音的重要伙伴变成竞争对手，这对于亟须借助波音力量的 MRJ 项目来说可谓芒刺在背。与 MRJ 项目相比，巴航工业的 E2 系列飞机进展顺利，从项目启动到最终获得型号合格证只用了 56 个月，率先抢占了市场；且 E 系列在北美市场占有率高，MRJ 的市场竞争力堪忧。"

在 MRJ 系列飞机的研制过程中，波音为三菱提供了全方位的支持，其中包括适航认证、销售渠道拓展和供应链管理等。从产品本身来说，E2 系列中的 E175－E2 无论是座级还是航程都将与 MRJ 系列形成正面竞争。在空客拉拢庞巴迪，波音企图并购巴航工业之后，日本三菱飞机公司或许成了国际商用飞机市场最大的受害者。

前事不忘，后事之师。研制大飞机需要巨额的费用，绝大多数国家都望而却步。在被高度垄断的大飞机领域，除波音与空客之外，任何一个国家和企业联盟，想要加入大飞机俱乐部，都需要诸多因素的合力和极其严格的限制条件。在成功的案例中，波音与空客也都是由政府出资在背后坐镇指挥，日本亦然。从日本研制大飞机的历史来看，有两点是值得重视和反思的：其一，研制和生产大飞机的周期较长，需要政府采取一以贯之的支持政策与鼓励态度；其二，需要有包括国内和周边友邦国家的"自带市场"来消化大飞机早期产品。"自带市场"是发展成熟大飞机所必需的缓冲带，在经过不断地精益求精之后，方可进入国际主流市场竞争，在此之前需要承担较大风险。

2.2

前车之鉴：
加拿大留给世人的经验

　　加拿大人之所以在世界航空制造业占有一席之地，是因为他们有庞巴迪这样的巨头公司。庞巴迪公司（Bombardier）是加拿大的一个著名的国际性交通运输设备制造商，也是全球唯一同时生产飞机和机车的设备制造商。庞巴迪的总部位于加拿大魁北克省蒙特利尔，该公司同时也是利尔、挑战者、环球系列公务机的制造商。庞巴迪的主要产品有支线飞机、喷气式公务机、铁路及高速铁路机车、城市轨道交通设备等。它虽然起步比波音晚，但是凭借其"聪明"的选择与出色的经营策略，在波音与空客的忽略地带顺利生根发芽，并经过几十年的发展，与巴西航空工业公司一起成为"支线市场"的双雄。近些年来，庞巴迪公司在大飞机尖端领域也是跃跃欲试，渴望大显身手。

庞巴迪的崛起之道

　　1942年，约瑟夫·阿曼德·庞巴迪创立了用其名字命名的庞巴迪公司。庞巴迪成立之初主要从事履带式车辆的生产，自 20 世纪 70 年代开始从事轨道车辆的设计与生产，公司进军航空领域起源于一系列的收购和加拿大政府对本国工业公司的私有化改革。20 世纪 80 年代末期至 90 年代中期是庞巴迪公司发展最为迅猛的阶段。他们通过一系列的收买与合并，让自己的实力得到了空前壮大。

1986 年，庞巴迪以 12 亿美元的价格收购了加拿大飞机公司（Canadair），成为加拿大航空制造业的领军企业。1989 年 9 月，庞巴迪公司收购了法国北方工业公司 2 200 万加拿大元的股份。1992 年 5 月 6 日，加拿大庞巴迪公司以 710 亿比索（约 1.27 亿法郎）的现款和 1 400 亿比索（约 2.5 亿法郎）的债务收购了墨西哥的 Cincarril 公司。1994 年，庞巴迪公司欧洲分部的销售额已达 3.48 亿英镑。1995 年 2 月 24 日，庞巴迪公司又收购了德国塔尔保特（Talbot）车辆制造公司的全部股份。

庞巴迪之所以能迅速成为世界航空工业的宠儿，是因为其做出了"聪明"的选择，即加拿大人没有与波音、空客在干线市场展开正面交锋。他们从空客与波音都不关注的支线市场做起，并且迅速在世界航空工业领域取得突破。

依靠前期的积累与努力，庞巴迪在支线市场上节节胜利。加拿大人因此信心倍增，这也极大地激发了他们向更高目标迈进的决心。加拿大人希望进入由波音与空客垄断的干线市场，不过，他们绝没有估计到水是这么深！ 2003

年年底，早已虎视眈眈的庞巴迪公司决定研发以 110 座的 C-110 和 130 座的 C-130 为基础的 C 系列飞机。当然，加拿大人要与波音、空客试比高，绝不是毫无准备，他们有自己的如意算盘。庞巴迪另辟蹊径，采取一种"中间"路线，即把 C 系列飞机定位为"大支线小干线飞机"。

2008 年，C 系列飞机项目正式启动，庞巴迪将其定位在传统支线飞机与小型干线飞机之间，座级在 100～160 座之间。C 系列飞机共有 2 个机型，分别是典型布局 108 座、高密度布局 133 座的 CS100 以及典型布局 130 座、高密度布局 160 座的 CS300。按照最初的设想，庞巴迪希望 C 系列飞机能够占据这一部分市场 50% 左右的份额。在支线市场上奠定基础的庞巴迪准备入局干线市场了。

21 世纪，什么最贵？人才！庞巴迪从顶尖人才入手开始筹建庞大的科研团队。C 系列研制总裁是从波音公司挖来的原波音 737 项目的总裁；同时，庞巴迪联合英国搞 C 系列，两年多来已经投入大量资金和上千研发人员，甚至还曾经邀请中国参加。C 系列使用了大量类似于波音 737 和 A320 的干线飞机技术。至此，庞巴迪直接进入与 A318 和波音 737-600 的竞争。

危机四伏

卧榻之侧，岂容他人鼾睡！波音与空客对庞巴迪的"入侵"非常警觉。在两巨头的影响下，全球没有一家发动机制造商和航空公司"敢于"拿出实质动作支持 C 系列研发，加拿大人的计划成了无源之水、无本之木，只能眼睁睁地看着自己的梦想成了幻想。通过这件事也可以看出，波音与空客在警告那些"非法入侵者"：一切的理想都是一种妄想。此外，屋漏偏逢连夜雨，庞巴迪自身也是麻烦不断。

一直以来，巴航工业和庞巴迪都在暗中较劲，争夺全球第三大飞机制造商的地位。2001年，庞巴迪推出了70～90座级的加长型CRJ系列飞机，巴航工业紧随其后推出了70～120座级的E系列飞机。在之后十几年双方的竞争中，E系列飞机大获成功，再加上全新的E2系列飞机的热卖，可以说，与庞巴迪相比，巴航工业占据了一定的优势。

2004年11月21日，一架庞巴迪CRJ-200飞机在起飞一分钟后坠毁，机上53人全部遇难。随后中国民用航空局暂停了庞巴迪CRJ系列飞机的飞行达1个月。

由于C系列自推出以来并没有接到任何订单，因此庞巴迪在2006年1月31日暂停了C系列的研发工作，但保留其研发团队，以便向外界推销和分担将来的研发风险。虽然C系列被迫暂停研发，但是庞巴迪在同年的2月18日宣布将会研发一款比CRJ-900更长的客机——CRJ-1000。

此外，令加拿大人恐慌的是，波音公司乘虚而入。2006年10月，有记者报道了波音正在对100座级以下的支线客机市场进行研究。根据此报道，波音公司准备将波音 737 改良机型作为参与支线客机市场的排头兵。如果真是那样的话，加拿大人可谓偷鸡不成蚀把米。

加拿大人并不想看到自己的大飞机梦想早早地"胎死腹中"，他们在蛰伏的近一年时间内，使出浑身解数，期待"起死回生"。终于，在 2007 年 1 月 31 日，庞巴迪公司宣布继续研制 C 系列，并在 11 月宣布 C 系列将采用普惠公司的齿轮传动发动机 PW1500G。然而，国际金融市场的风潮再一次给加拿大人的梦想蒙上了阴影。全球金融危机爆发，航空运输业萧条，导致 C 系列少人问津，只有一家公司订货，前景甚是堪忧。

颇具权威的航空业咨询公司蒂尔集团也曾把 C 系列排除于该公司的长期市场预测之外。经过一波三折，转机终于出现了。2009 年 3 月，德国汉莎航空和国际租赁公司（LCI）等先后成为 C 系列飞机的确认客户，使得 C 系列飞机的订购总量达到 100 架。这两份订单对于庞巴迪来说真可谓"雪中送炭"。

凭借着庞巴迪在支线飞机研制方面的深厚基础，经过近十年的卧薪尝胆与不懈努力，2013 年 9 月 16 日上午，庞巴迪首架 C 系列飞机 FTV-1 成功首飞。2015 年 2 月 27 日，较大型的 CS300 首飞成功，CS300 是 C 系列中最大的型号，在两级客舱布局下可以搭载 130～150 人。庞巴迪终于在两巨头的重压之下，走出了一条"中间路线"。C 系列飞机就是介于波音和空客的大型商用飞机与支线飞机之间的机型，其目标是单通道 100～149 座客机市场。

庞巴迪公司的发言人也乐观地认为：未来 20 年内，C 系列客机将拥有 50% 的市场份额。不过，未来的情况不一定像加拿大人想象的那么乐观，他们的前途也面临着重重困难，其中之一就是国际金融市场的动荡以及制造成本的上涨。市场的各种因素叠加，导致在 2015 年 5 月 14 日，庞巴迪在蒙特利尔宣布该公司将在未来数月裁员约 1 750人。2015 年 9 月，空客终止了与庞巴迪就 C 系列飞机的合作谈判，拒绝购买庞巴迪股权以帮助其融资。祸不单行，庞巴迪同时遭遇了高管离职潮。再加上国际油价从 130 美元一桶骤降到 40 美元一桶左右，C 系列的经济节能优势沦为鸡肋。

加拿大人的麻烦并未停止！2017 年 4 月 27 日，波音公司使出"撒手锏"，要求特朗普政府以反倾销为由调查庞巴迪，理由就是 C 系列的飞机定价为 1 960 万美元，而波音同档次产品定价则为 3 320 万美元。波音公司还在同一年向美国政府提起控诉，要求裁定庞巴迪在 2016 年向达美航空销售 75 架 CS100 飞机的过程中采取了不正当的倾销手段，建议政府对该笔交易征收 160% 的高额关税。尽管这场官司最终以庞巴迪胜诉收场，但波音想要扼杀 C 系列飞机的意图已经十分明显。

庞巴迪的 C 系列飞机成本超支且进度几次延迟，致使公司已经承受了逾 20 亿美元的巨额成本亏空。加拿大人在世界航空领域的发展，前途未卜！

与空客"结盟"

庞巴迪的 C 系列飞机之所以受到各国航空公司的关注，很大程度上是因为其"新"。C 系列飞机采用的新技术、新材料等，让 C 系列的性能相较更加优越。民机之间的竞争，归根结底是飞机经济性的竞争，经济性的提高主要依赖的是性能的提高，性能优异的飞机自然会受到航空公司的青睐。从 2008 年 7 月 C 系列获得第一架意向订单，到 2018 年 7 月 C 系列变身为空客的 A220 之前，这款被庞巴迪视为革命性产品的飞机总共卖出了 402 架。表面看来 402 架的订单量确实不少，但对比庞巴迪 40 多亿美元的投入仍然有些不够，在美国关税协议的重压下，庞巴迪终于无力支撑，这一项目最终被出售给空客。此外，庞巴迪 C 系列飞机项目面临销售疲软和产量低的问题，使得其难以压低成本，这也是庞巴迪不得不与空客结盟的一个重要因素。

此前庞巴迪所有的成功与骄傲在 2017 年都化为"昔日辉煌"。2017 年 10 月 16 日，空客与庞巴迪宣布双方建立 C 系列飞机合资企业（CSALP），空客持有 50.01% 的股份，庞巴迪与魁北克政府各持有约 31% 和 19% 的股份。空客凭借提供采购、销售和市场以及客户支持获得了 C 系列的控股权，并在美国亚拉巴马州的空客工厂设立第二条 C 系列飞机总装线。此后，庞巴迪公司又出人意料地决定以 3 亿美元的价格将冲 8-100/200/300、Q400 项目出售给维京航空公司，将公务航空培训业务以 8 亿美元的价格出售给加拿大航空培训公司（CAE）。

2018 年 7 月 1 日，空客宣布庞巴迪 C 系列飞机控股股权收购正式完成，空客还于 7 月 10 日在其位于法国图卢兹的亨利-齐格勒飞机交付中心举行仪式，正式宣布庞巴迪 C 系列更名为"A220"。这一天，多少"庞巴迪人"黯然神伤。

2018 年 7 月 11 日，空客宣布成功斩获更名后的 A220 系列飞机的首家客户的 60 架订单。空客 A220 系列飞机包括 A220-100 和 A220-300 两种型号，分别对应原庞巴迪 C 系列飞机 CS100 和 CS300。至此，空客的"新产品"A220 系列飞机与空客现有的以 A320 系列为代表的 150 座级以上的单通道飞机市场无缝连接，使空客覆盖了从低端到中高端的整个单通道飞机市场。

2018 年，蓝楠在《庞巴迪 C 系列变身空客 A220 获重生》中，从中国的民机市场角度去分析此次庞巴迪的举措：中国是最重要的民机市场之一，工业合作的模式继续加强。各大制造商一直觊觎如此巨大的市场需求，并纷纷加强与我国航空工业的合作。C 系列飞机是已在华开展风险合作的项目，而且空客在与中国开展工业合作的过程中积累了大量的成功经验，因此 C 系列飞机生产线也可能在中国兴建，使空客在中国形成支线-干线-双通道全面合作的局面，进而在工业合作上再次领先竞争对手。

少走弯路是我国大飞机事业成功的必要条件。中国在研制与生产大飞机的道路上，要在两个方面引起足够的重视：第一，毫无疑问是要创新与发展，掌握大飞机的核心科学理论与高尖端制造技术；第二，我们在埋头苦干的同时，一定要重视他国发展大飞机事业的经验，同时也要汲取他们留下的深刻教训。那么，怎么样吸取他国的经验与教训呢？我们只有通过对历史进行深刻地反思。加拿大庞巴迪公司就给我们提供了非常典型的反思样本。

2.3

引以为戒：
印度尼西亚发展大飞机的教训

2017—2018 年，世界航空工业领域发生了重大事件，加拿大的庞巴迪公司在两巨头的压迫下最终站队空客。如果说加拿大人发展大飞机的经验是无奈地甘居人后的话，那么印度尼西亚发展大飞机的遭遇可能就是"天灾＋人祸"。在众多发展中国家与新兴经济体中，印度尼西亚的航空制造业起步较早。但对于印度尼西亚而言，发展航空业遭到的是毁灭性打击。

一个印尼人的"雄心壮志"

印尼要发展大飞机产业是有其自身独特原因的：一方面，与印尼自身的自然环境相关。印尼被誉为"千岛之国"，岛与岛之间非常需要航空运输。早在苏哈托总统时代，印尼就已经决心全力发展自己的民族工业。另一方面，是一个人对印尼国家航空业发展的影响。印尼航空发展史上有一个绝不可能绕过的重要人物，他就是技术官僚出身的印尼第三任总统哈比比，有媒体称他是一名"高科技幻想家"。

巴哈鲁丁·优素福·哈比比于 1936 年出生在印尼南苏拉威西巴雷。他从万隆工业学院毕业后，就前往联邦德国亚琛技术学院深造，并于 1965 年获得工程学博士学位。哈比比在联邦德国的飞机制造厂工作了多年，在航空技术方面拥有非常丰富的经验。1973 年，他应印尼总统苏哈托之邀回印尼，担任总统的科学技术顾问。哈比比迅速成为印尼航空工业与科学技术顶级专家。

1982 年，哈比比被印尼政府授予玛哈普特拉·阿迪帕拉达纳勋章。翌年，他又被美国《航空和太空工艺》周刊评选为在航空与太空工艺方面最有功绩的 21 名科学家之一。哈比比曾获得西班牙颁发的航空大十字勋章、荷兰授予的荷兰皇室大十字骑士勋章、意大利授予的大十字骑士勋章。1986 年，哈比比被美国国家工程学会选为三位亚洲工程技术专家之一，并被美国国民工程学院吸收为院士。1998 年 5 月 21 日，印尼总统苏哈托宣布辞职，按宪法规定由副总统哈比比继任印尼总统。看过了哈比比的人生经历，就不难理解为何千岛之国要举全国之力发展航空制造业了。

尽管当时的印度尼西亚在技术基础与资本积累以及员工技术层次方面都十分薄弱，但当时还是印尼国家研究技术部部长的哈比比仍然坚持发展航空制造业，并将其视为关乎国家民族独立、经济赶超以及维护政治和文化独立性的国家战略性产业。在哈比比的强力推动下，印度尼西亚开始加大对航空制造业的全面投入。1960年，印尼航空工业开始起步。20世纪70年代，印度尼西亚就在西爪哇的万隆市郊区建立了印度尼西亚飞机工业公司。经过若干年的探索，1985年改组为国营印尼飞机工业公司。

印度尼西亚航空制造工业在初期阶段，尝试了不同于其他发展中国家与新兴经济体的发展道路。需要指明的是，新加坡、韩国、巴西和中国等国都是首先通过提供零部件制造与维修服务，并且通过长期技术积累后，才进入整机组装阶段，最后再开始自主制造飞机。而印尼人并没有按照这几个国家的道路发展，他们一开始就先进入整机组装阶段。这与哈比比的大力支持密不可分。

由于哈比比的身份地位与关系优势，印度尼西亚飞机工业公司能够从政府部门获得源源不断的资金与政策支持。具体而言，当时印尼国内经济基础非常薄弱，工业产值占国内生产总值的比重不到10%，同时机械制造占整个工业的比重也低于10%，尽管存在诸多先天不足，但印度尼西亚航空制造业仍然坚持与国外企业合作，使自己的航空工业从无到有地发展了起来。

印尼能在短时间内支撑起航空工业的框架，离不开欧洲人的帮助。其中，德国的许多公司成了印尼的重要合作伙伴，这也与哈比比的个人工作经历相关。印度尼西亚飞机工业公司获得了德国公司的许可，为其组装直升机。同时，它们也与其他欧洲航空公司合作，生产双发运输机。这包括与西班牙公司的合约，为其生产各种座位的客机。根据相关协议，印度尼西亚航空制造业方面负责外翼、后机身和稳定器的制造，而西班牙方面负责中翼箱、机身中部和飞机座舱部分的制造，这些部件制造出来后交给印度尼西亚方面的工厂，进行最终装配。

在哈比比的主持下，印度尼西亚飞机工业公司从西方大量引进专家，同时派出大批工程师到西方学习航空制造，公司鼎盛时期员工近 2 万人。倾印尼举国之力的印尼飞机工业公司，先是与西班牙合作研制了 30～50 座的 CN-235，全球销售表现不错。CN-235 客机于 1983 年首飞成功，1986 年取得适航证并交付用户。CN-235 客机可以乘坐 44 人、最大载重量为 6 吨、最大航程为 4 300 千米、最大飞行速度为 450 千米 / 小时。印尼和西班牙分工合作，一个负责欧洲市场一个负责亚洲市场，很快就取得了成效，到 1992 年年底，CN-235 客机就已经交付了近 200 架。而且 CN-235 客机发展出了基本型和军用型等多个型号，使得印尼成为少数具备研究和制造飞机的能力的国家。

此后，国营印尼飞机工业公司又投入 11 亿美元的巨额资金，研制出了当时备受关注的 70～90 座的螺旋桨飞机 N-250 客机。在亚洲金融风暴前，印尼一跃成为世界航空界支线飞机制造领域的佼佼者。

"飞"来横祸与"时"运不济

进入 20 世纪 90 年代后，作为印尼航空制造业龙头企业的国营印尼飞机工业公司开始面临诸多挑战。因为该公司是一家国家控股经营的企业，在本土几乎不用面对市场竞争，由于管理者的特殊身份，该企业也不受财政部的牵制，长期以来受到高度保护。然而，随着印度尼西亚政治体制和经济体制出现变化，航空制造业的垄断局面受到了严峻的挑战。印尼人首先遇到的难题就是来自国内财政部的压力。印尼的财政部官员认为，政府不该再继续不受约束地支持国营印尼飞机工业公司的项目融资，这样对印尼整体的经济运行会产生诸多负面影响。

人算不如天算！就在 N-250 试飞上百小时、国内订购量达上百架、还差一年就可以取得美国联邦航空管理局（FAA）和欧洲联合航空局（JAA）的适航证的时候，印尼人的噩梦来临了！亚洲金融危机爆发致使印尼全国经济陷入瘫痪状态。福不双至，祸不单行！为此，世界银行、国际货币基金组织迅速介入印尼经济，并且调集大量专家对印尼经济进行诊断，而后得出的结论却让印尼人绝望：印尼经济遭受重创是因为印尼政府把国家大量财富投到航空工业。最后，世界银行、国际货币基金组织答应援助印尼，但附带条件之一就是"一分钱都不能往飞机上投"。从此，国营印尼飞机工业公司被亚洲金融风暴冲垮，其优秀人才大部分都被波音和空客吸收。

虽然没有确凿的证据表明波音与空客是国际货币基金组织和世界银行的背后"推手"，但是有一点是可以明确的：印尼人想进入大飞机领域一展身手，必然遭到两大豪强的打压。印尼人在 N-250 取得成功之后，希望在此基础上可以研制出 110 座的 N-2130 的飞机。或许，波音与空客早就看出了印尼人的野心，亚洲金融危机成了波音与空客联合将印尼人大飞机梦想扼杀在襁褓中的最佳借口。

印尼人欲"卷土重来"

之后经历了 1997 年的亚洲金融危机，国营印尼飞机工业公司经历了重大重组，并且裁员 16 000 人以提高企业整体运行效率。2013 年，王京晶在《高技术产业全球价值链研究》中针对印尼航空业的失败做出这样的分析：印度尼西亚的飞机制造工业也无法长期无限制地依赖于政府的政策扶持，只有提高自身效率并生产高质量、低价格的飞机，才能保住国内市场。在国际市场方面，印尼航空制造业在发展的初期阶段，把出口的重心放在亚洲国家上，但近年来亚洲其他新兴经济体的飞机制造业发展迅速，这些新兴经济体不仅能满足国内的需求，而且还出口到其他亚洲国家，这就同印度尼西亚在第三国市场上展开了竞争。

印尼绝不是孤独的失败者。翻阅近几十年的世界航空发展史，企图进入大飞机领域的失败者名单上还列有荷兰、俄罗斯、德国和日本等国的公司。原中国航空工业第一集团公司党组书记、总经理刘高倬曾在内部刊物上发表了一篇名为《发展有自主知识产权的中国民机产业》的文章，提出了他对民机产业的认识，文中指出：国外民机制造商常常为了降低成本而将民机零部件转包生产，实现全球采购，也经常为降低研制成本和扩大市场，采用风险合作的研制方式吸引国际合作伙伴，但飞机设计和制造的关键技术和研制民机的知识产权始终掌握在主制造商自己手中。

中国古代典籍《旧唐书·魏徵传》有云："夫以铜为镜，可以正衣冠；以古为镜，可以知兴替；以人为镜，可以明得失。"在大飞机领域内，研究科学理论与掌握尖端技术十分重要，但同时，我们决不能忽视他国在大飞机领域的发展历史。失败者的脚印，让后来者更加明晰前方的艰险。在两巨头的严控与封锁策略下，目前，世界民机市场被波音与空客牢牢垄断。尤其对于干线飞机，美国的波音公司和欧洲的空客公司已经完全瓜分了世界市场。那么，要进入这个世界航空领域的"禁区"，其他国家应该依靠和采取什么样的策略与方法呢？这是每一个想独立发展大飞机的国家都应认真研究与探索的难题。

遭受过重大失败的印尼人希望在 21 世纪重新起航。首先，印尼自身的国家需求为重振航空工业给出了客观要求。印度尼西亚人口总数超过 2.62 亿，居世界第四位，航空市场刚性需求发展潜力巨大。预计到 2034 年，印尼航空客运量将达到 3.55 亿人次。国际航空运输协会（IATA）预测，到 2036 年，印尼将成为世界第四大航空市场。

其次，印尼人有两家"不同"的航空企业未来可期。这两家航空企业分别是 Dirgantara Indonesia（DI）和 Regio Aviasi Industri（RAI）。通过 DI 和 RAI 两家飞机制造商不断扩大业务和开发新机型，我们能看到印尼航空业光明的前景。之所以说两家企业不同，是因为 DI 是一家国有企业，RAI 是一家私营企业。而两者又有相同之处，两家企业业都尚未上市。

我们暂且无法从数据上评估它们真正的实力，但是两家企业的业务进展顺利，一直在持续开发新机型，并把业务扩展到了其他国家。自 2012 年以来，DI 已经生产了近 60 架飞机和直升机，其产品已出口到韩国、塞内加尔和泰国。该公司还在继续开发新的机型，包括 N-219，一种用于偏远地区多途任务的 19 座运输机，并与韩国航空工业公司合作，为两国空军开发 IF-X/KF-X 战斗机。另一公司 RAI 也表现得很好，它正在开发 R-80 飞机，一种 80 座的支线运输机。印尼本国的航空公司已经订购了 155 架 R-80 飞机。

最后，印尼政府在经营策略上给予国内航空企业以便利。2001 年，第五任印尼总统梅加瓦蒂上台后实现了一系列改革，印尼全国的经济形势开始有所好转。梅加瓦蒂在任期间鼓励民间发展民航业，实行了简化许可和降低税收等一系列措施。在她的支持下，印度尼西亚出现了百余家大大小小的航空公司，民航业迅速繁盛。此外，印尼政府逐步加大了航空监管改革，以刺激对本国航空业的投资。

为了增加对航空部门的投资，印度尼西亚政府先后取消和优化了一些监管规定，以消除双重监管和双重收费现象。这些规定涵盖航空业的各个方面，包括商业航空公司、机场、航空邮件、航空货运、飞行学校、地面基础设施、在线空中运输许可证等。此外，政府简化了98个许可证，将许可证处理时间缩短了50%。为了支持国内飞机维护、修理和大修行业，自2013年以来，印尼政府已经通过8个阶段一揽子政策豁免了21种飞机部件的进口税。希望这样一个人口大国能够顺利发展自己的航空工业，且让我们拭目以待。

2.4

内外兼修：
俄罗斯研制大飞机重新起步

在军用飞机领域，苏联时期的大飞机足以与美国分庭抗礼。苏联解体之后，俄罗斯始终处在漫长的经济复苏阶段。尽管俄罗斯的经济发展举步维艰，但是在大飞机的研制领域，俄罗斯人仍然负重前行，没有放弃努力与奋斗。众所周知，俄罗斯是世界上拥有第一大国土面积的国家，飞机是国民日常生活中极为重要的交通工具。现今，大飞机在俄罗斯的发展历史中扮演着不可或缺的角色。俄罗斯力图通过"内外兼修"的策略在大飞机研制领域重新起步：对内，加大研制大飞机的资金投入；对外，积极寻求合作伙伴，加快融入全球大飞机市场的速度。

昔日辉煌的苏联大飞机

从十月革命胜利到苏联解体的 70 多年里，苏联航空工业经历了巨大的变化。二战后，苏联为了争夺世界霸权、与美国抗衡，大力发展航空工业，无论是军用飞机，还是民用飞机，都有自主研发和制造的知名品牌。在最鼎盛的20世纪60—80年代，苏联平均每年生产150架民用飞机、300架直升机、600多架军用飞机以及390架武装直升机，占世界航空市场20%～30%的份额。

当时，苏联的航空工业水平仅次于美国，完全与其超级大国的地位相称。在飞机制造方面，苏联的整体设计和制造能力突出。苏联时期制造过许多优秀的军用飞机，其中以苏-27战斗机为代表。在民用飞机领域，苏联也颇有建树。这些都源于苏联的航空工业基础。世界上第一架装四台发动机的飞机——"伊利亚·穆罗梅茨"重型轰炸机率先在俄国问世，它也成为今天大飞机的鼻祖。

而苏联时期最有影响力的大飞机当属伊尔-62。它是苏联的伊留申设计局（现为伊留申航空联合体）研制的四发动机远程喷气式客机。伊尔-62的设计要求为可载客105人，可不着陆直飞莫斯科至纽约航线。伊尔-62是大型运输机和远程喷气式客机。

1962年1月24日，苏联部长会议主席赫鲁晓夫视察了第一架伊尔-62原型机。消息公布后，在航空界引起了巨大反响，在当时看来，伊尔-62的最显著特点为载客量大和航程较远。伊尔-62的总重可达162吨，载重为23吨，其最大巡航速度为900千米/小时，最大航程为8 500千米。伊尔-62为五人制机组，包括机长、副驾驶、领航员、无线电报务员和机械师，比西方同类飞机多一名机械师。

它的客舱布局有三种，分别可载 186 人、165 人和 114 人。1963 年 1 月，伊尔-62 成功首飞。它与美国的波音 707、DC-8 及英国的 VC-10 喷气式客机是同一时代的产物，它们被称为世界喷气式客机的"四大先锋"。

此后，经过技术升级与改造，伊尔-62 出现了多种型号。伊尔-62M 于 1970 年首飞，1971 年在巴黎航展上第一次公开露面，1974 年投入运营，执飞莫斯科—哈瓦那航线，后来逐步承担了苏联民航的全部远程航线飞行任务。1978 年，在伊尔-62M 的基础上还进一步开发了伊尔-62MK。它的几何尺寸和发动机与伊尔-62M 相同，加强了机翼，重新设计了起落架，提高了飞机最大起飞重量，延长了机体使用寿命，载客量增加到 195 人。伊尔-62MK总共生产了 20 架。伊尔-62 的生产周期长达 32 年，从1963 年到 1995 年共生产了 292 架。苏联和俄罗斯国家元首的专机都是国产飞机。1991 年至 1997 年，俄罗斯前总统叶利钦的专机就是伊尔-62。由此，伊尔-62 在俄罗斯大飞机领域的地位可见一斑。

1967 年 3 月，伊尔-62 投入运营，主要供苏联民航使用，有 75 架先后出口到捷克和斯洛伐克、德国、波兰、中国、朝鲜、古巴、罗马尼亚等国。我国空军曾于 1972 年引进 4 架伊尔-62 飞机，作为专机使用，后移交中国民航用于国内航线。我国民航在 1971 年以后开始的第二次大规模更新机型过程中，从苏联购进 5 架伊尔-62（编号分别为 2020、2022、2024、2026、2028），它们和从英国购进的 10 架"三叉戟"2E、从美国购进的 10 架波音 707 一起，为中国民航实现"飞出去"的战略目标创造了重要的技术物质条件。值得一提的是，中国民航伊尔-62 机组曾于 1974 年 4 月 6 日执行护送邓小平率中国代表团出席联合国大会第六届特别会议的专机任务。

进入 20 世纪 70 年代，苏联人没有停止研发大飞机的脚步，他们于 1971 年在巴黎航空博览会上首次透露伊尔-86 的研制计划。苏联研制伊尔-86 的主要目的是替代运营远程国际航线的伊尔-62。伊尔-86 是苏联伊留申设计局研制的四发动机大型双通道宽体客机，可以搭载 350 名乘客。1976 年 12 月 22 日，伊尔-86 的第一架原型机首飞。1979 年 9 月 24 日，苏联民航接收第一架伊尔-86，并于 1980 年 12 月 26 日首次投入使用。

自 20 世纪 80 年代中期开始，苏联将伊尔-96 的研制工作提上日程。第一架伊尔-96 原型机在 1988 年 9 月 28 日首飞。1993 年，伊尔-96 投入商业运营。苏联解体后，由于资金等问题，伊尔-96 的研发受阻。伊尔-96-300 飞机最大航程可以达到 13 000 千米，可用于从莫斯科直飞到美国西海岸的航线。现任俄罗斯总统普京的专机就是伊尔-96。

俄罗斯"新"飞机的起步

苏联解体后，俄罗斯在经济改革方面断然采取所谓的

"休克疗法"。在激进改革方针的引导下，1992 年，俄罗斯解散了航空工业部，由职能完全不同的航空工业总局取而代之，该局只代表国家制定政策，进行宏观调控。但"休克"没多久，长期经过集中协同行动的俄航空工业科研生产单位很快就觉得俄航空工业部解散之后，293 家企业、研究部门像一群无头苍蝇。因此，1997 年叶利钦下令成立航空航天问题咨询委员会，并且开始推动航空工业的整合。

有学者总结制约俄罗斯大飞机发展的因素有三个。一是苏联时期"重军轻民、民用军事化"的思想观念并没有得到改观。二是远离市场机制，与国际市场分离。决策高度集中、计划高度统一、资源高度保证、管理高度严格的中央集权制很难有效地利用资本运作推进改革，仍然和西方军工产业的转型差距甚远。三是苏联式的"生产过于分散，缺乏规模竞争优势"的局面并没有得到根本改观，造成科研、生产和市场三个流程中的核心环节互相脱离。

不肯就此在大飞机领域沉沦的俄罗斯人重整旗鼓，力图规避苏联时期的弊病，走出一条新时期发展大飞机的道路。2000 年，普京当选总统后指示有关部门对包括航空工业在内的俄罗斯国防科技工业近十年的改革成果进行综合评估。2001 年 5 月，俄罗斯批准了第一次航空工业改组与发展计划，把国防工业改革主导权纳入总统权力核心体系之中。也就是在这一年，俄罗斯将米高扬、伊留申、伊尔库特和图波列夫四个设计局合并，成立了新的联合航空制造集团公司

（UAC），只不过人们还是习惯称它为"苏霍伊设计局"。

普京还推动了俄罗斯航空工业的多轮整合与并购，取得了一定的成绩。如今，新一轮更大规模的重组仍在进行。其中，最引人注目的是俄罗斯国家技术集团（Rostec）对UAC的并购，两家企业在完成并购后，预计未来的年营业额将超过 150 亿美元。

在经过了一系列改革与技术升级之后，俄罗斯商用飞机的"新生儿"SSJ-100 呼之欲出。俄罗斯人期待在未来的大飞机市场上占有一席之地，所以他们首先从支线飞机做起。SSJ-100 就是俄罗斯人重回全球商用飞机市场的第一张名片。SSJ-100 是由俄罗斯苏霍伊民用飞机股份有限公司（简称"苏霍伊民机公司"）与美国波音公司共同研制的支线飞机，其最初被命名为"RRJ（Russian regional jet）"。它也是俄罗斯第一架按照西方适航标准设计的民用飞机，其机型可分为 60 座、75 座和 95 座布局。2007 年 9 月，第一架 SSJ-100 客机在阿穆尔河畔共青城下线，并于 2008 年投入批量生产。截至 2018 年 5 月，全球共有 18 家航空公司运营着 127 架 SSJ-100，总计飞行时间超过 42 万小时。2017 年，SSJ-100 的产量达到 34 架，交付 30 架，仅次于 2014 年创下的最高纪录（生产 37 架，交付 31 架）。

SSJ-100 为俄罗斯重新进入全球商用飞机市场带来了两个方面的益处。一方面，向西方展示了俄罗斯的意愿与合作态度。无论是美国还是欧盟，对俄罗斯的发展都是多方面限制，俄罗斯与西方的关系也一直处于极其微妙的状态。通过 SSJ-100 飞机项目，双方加强了沟通与交流。早在 2014 年 1 月，俄罗斯工业和贸易部声明，在 2014—2019 年向 SSJ-100 客机项目投资 240 亿卢布，这充分体现了俄罗斯政府发展商用飞机的决心。另一方面，开启对商用飞机产业链的布局，尤其是使俄罗斯商用飞机产业链中的几十家企业得以迅速发展。2015 年，俄罗斯航空公司就向西方租赁公司和维修服务公司支付了高达 2 250 亿卢布的费用。这就促使俄罗斯人不能完全依靠西方的力量研制大飞机。俄罗斯人并没有放弃自主创新的机会，在生产 SSJ-100 飞机的过程中也注重逐渐削减外国制造零件的比例。比如，俄罗斯人采用国产的辅助动力装置，将液压系统、电气系统、航电设备、内饰等进行更改。作为这一项目的主制造商，苏霍伊民机公司还加强与旗下拥有航空发动机制造、雷达电子、机电设备等多家航空企业的俄罗斯国家技术集团（Rostec）的合作，加速培育国内供应商，不断提高 SSJ-100R 的国产化水平。

俄罗斯人寄予厚望的大飞机 MS-21

在 SSJ-100 取得初步成绩的同时，俄罗斯把飞机制造的重点由支线客机转向大飞机，即向先进大飞机领域进军。在俄罗斯人重振大飞机产业的计划中，首先研制的机型是 MC-21，它是俄罗斯计划研制的新型客机项目。MC-21（21 世纪干线飞机）是面向全球民机市场的新一代俄罗斯中短程干线客机。MC-21 飞机项目由伊尔库特公司负责执行，该公司是 UAC 的下属公司。该项目有两种机型：160～211 座级的 MC-21-300，以及 130～176 座级的 MC-21-200。它将能够取代俄罗斯各航空公司广泛使用的图-154、图-204，以及国外的 A320 和波音 737 等中程干线飞机。

2017 年 5 月 28 日，MC-21 完成首飞，俄罗斯离自己的梦想又近了一步。截至 2017 年 5 月，MC-21 订单总数为 285 架，其中包括 185 架确认订单，启动用户为俄罗斯国际航空公司。与全球大多数民机产品相同，MC-21 也是国际合作的产物，霍尼韦尔、泰雷兹、美国联合技术公司（UTC）、古德里奇等公司均参与了该项目。对于俄罗斯而言，MC-21 无疑是其实现民机产业复兴的重要抓手，也彰显了俄罗斯人发展大飞机的雄心壮志。

俄罗斯人对于 MC-21 寄予期望。俄罗斯多名高官曾在不同的场合为它站台。俄罗斯工业和贸易部部长丹尼斯·曼图罗夫在采访中曾表示：MC-21 飞机采用最先进的技术，与同类机型相比，燃油效率提高了 12%～15%。俄罗斯将全力支持 MC-21 飞机项目的研制，有关部门将协助 UAC 在国内和国际两个市场销售飞机。他乐观地预测：到 2037 年，UAC 将会生产超过 1 000 架 MC-21。不管 MC-21 的未来如何，有一点可以肯定，即从研制 MC-21 中获得的经验将进一步加强俄罗斯在国际民机市场上的竞争力。

2019 年 2 月 26 日，俄罗斯副总理尤里·鲍里索夫宣布：将于 2021 年开始量产 MC-21 飞机，在 2022 年前实现生产数量达到 70 架。他还补充道：2022 年前，现在的飞机制造厂要具备生产 72 架 MC-21 的能力。此外，鲍里索夫特别强调了 MC-21 要努力实现俄罗斯客机发动机的国产化。虽然目前进行飞行测试的 MC-21 配备的是普惠发动机，但计划首批量产的 MC-21 将会配备俄罗斯生产的 PD-14 发动机。2020 年 12 月 15 日，第一架装备俄罗斯国产 PD-14 发动机的 MC-21 飞机成功试飞。首飞机组人员由 2 名试飞员和测试工程师组成，飞行持续了 1 小时 25 分钟，飞机巡航高度约为 3 400 米，巡航速度约为 450 千米 / 小时。在飞行过程中，首飞机组测试了 PD-14 发动机的工作模式、飞机稳定性和灵敏度以及飞机系统的交互功能。PD-14 是与 CFM-56 同级别的发动机，最大推力为 14 吨，采用最新技术和材料制造，联合发动机公司称该发动机的性能与其竞争对手的产品相当。

此外，俄罗斯人还极力寻求生产大飞机的亚洲合作伙伴。他们将目光投向同样在大飞机领域不断进步的中国。2017 年 5 月 12 日，中国商用飞机有限责任公司与俄罗斯联合航空制造集团的合资公司——中俄国际商用飞机有限责任公司在上海成立。合资公司主要负责联合研制中俄远程宽体飞机 CR929 的工作。

2.5

前程未卜：
巴西大飞机遭遇的瓶颈

巴西是一个拥有约 850 万平方千米国土，人口超过 2 亿的发展中国家。直到 19 世纪末，巴西才建立了合众国。巴西的航空工业起步较晚，但是巴西人在世界航空史上有值得骄傲的人——巴西航空之父桑托斯·杜蒙。他实现了人类首次动力升空的飞行，该次飞行被国际航空联合会登记为最早的航空纪录。经过几代人的不懈努力，巴西航空工业公司（简称"巴航工业"）成长迅速。巴西航空工业公司生产的商用喷气飞机可以分为两大系列：ERJ 系列，共四款，分别为 50 座的 ERJ145、50 座的 ERJ145 远程型、44 座的 ERJ140 和 37 座的 ERJ135；E 系列，共四款，分别为 66～78 座的 E170、76～88 座的 E175、96～114 座的 E190 和 100～124 座的 E195。在鼎盛时期，巴航工业可以稳坐世界商用飞机市场的第三把交椅。

巴航工业的成立

从 20 世纪 40 年代起，巴西政府就开始筹划建立航空工业以及相关的航空科研机构，其中包括航空技术中心（CTA）及其附属的航空技术学院和飞机制造厂。1953 年，巴西人通过 CTA 创建了国内最为重要的飞机设计研发机构——发展研究院（IPD）。自此，巴西人开始在飞机制造领域崭露头角。1965 年，IPD 研发了一种涡桨运输机 IPD-6504，它就是后来大获成功的 EMB-110"先锋"19 座支线飞机。1969 年 7 月，巴西政府为了发展航空工业，由巴西航空部正式组建巴西航空工业公司。曾经研发 IPD-6504 的设计团队也加盟巴航工业，这为巴西航空工业的发展提供了较强的技术支持与保障。

1973 年，巴航工业生产的首批"先锋"飞机交付给巴西空军。1975 年，巴航工业生产出第一种增压座舱飞机，比"先锋"略小的 8～9 座的 EMB-121。EMB-121 共生产了 106 架，其中有 51 架飞机交付给法国空军。20 世纪 70 年代末，巴航工业开始生产一种 30～40 座的支线飞机 EMB-120"巴西利亚"。正当巴航工业在世界支线飞机市场发展得如火如荼之时，却遭遇了晴天霹雳。

起因是 20 世纪 90 年代世界飞机市场的萧条，这对巴航工业的发展产生了巨大阻碍。更为关键的是，巴航工业在与阿根廷联合研制 CBA 123 支线飞机的过程中遭遇了种种困难。由于双方对市场的认识不足，飞机研制项目进度缓慢，外加研制成本上涨，最终导致巴航工业陷入现金流紧张的处境。尽管 CBA 123 机型在技术方面十分先进，但其造价昂贵，未能成功出售，这个颇具前景的项目最终夭折。

在内外交困的情况下，巴西政府于 1994 年 12 月签发了对巴航工业实行私有化的法令。从国有到私有，巴西航空工业开始"脱胎换骨"。私有化不仅改变了巴航工业的股权结构，更为重要的是带来了经营战略上的革命性调整，即发展战略从以工程技术为中心调整为以市场需求和客户满意为导向。巴航工业经历了巨大的改革，但并没有停止自己的研发脚步。他们在改制期间研制了三种非常重要的机型：50 座的涡扇支线飞机 ERJ145、37 座的 ERJ135 和 44 座的 ERJ140。

自 1996 年起，巴航工业开始进入快速发展期，其销售额和合同待交付额都大幅增加。1998 年他们开始扭亏为盈。在全球建立业务设施也是巴航工业积极扩展国际战略的表现。1999 年，巴航工业与法国航空航天工业最主要的集团（法国宇航马特拉公司、达索飞机制造公司、斯奈克玛公司和泰雷兹集团）组成战略联盟，法国公司拥有 20% 的控股权。

巴西人开拓国外市场的眼界从南美洲到欧洲再到亚洲。他们注意到中国拥有广阔的民用飞机市场。巴航工业于 2003 年与中国航空工业集团公司在哈尔滨设立了 ERJ145

飞机生产线。截至 2017 年年末，在中国支线航空市场，巴航工业占据了近 80% 的市场份额，每年有 20 万次航班、370 余条航线连接国内 130 多个城市，年运送旅客超过 1 700 万人。

巴航工业选择出击"大支线飞机"市场

巴西人很清楚自身在世界航空业内的地位和实力，他们绝不可能去干线飞机市场与波音、空客"硬碰硬"。他们选择在支线飞机市场中独树一帜。巴航工业最为世人称道的是他们敏锐地发现了全球客机市场上"70～100 座级"的客机是一块空白，并且巧妙地提出了"大支线飞机"的概念，决定开发 70～120 座级的 E 系列喷气飞机，通过研制新的机型来填补干线飞机与支线飞机之间的空白。E 系列喷气飞机既不是小飞机的拉长型，也不是将原大型飞机按比例缩小的派生机型，它创造了商业航空运输的全新概念，打破了传统支线飞机与干线飞机之间的界限。

1999 年 7 月，巴航工业宣布研发 70～110 座级的 E 系列喷气客机，包括 E170、E175、E190、E195。这样，巴航工业就进入了"大支线飞机"市场。2013 年，巴航工业推出跨 80～146 座级、航程达 3 700～5 000 千米的 E2 系列飞机。E2 系列飞机最大的特点在于它与上一代 E 系列飞机保持了高度通用性，飞行员可以轻松地完成机型转换。在延续了现役 E 系列飞机驾驶舱的设计后，航空公司可以高效地完成机队升级和飞行员培训。2016 年 5 月，E2 系列中的首款机型 E190-E2 提前首飞，震惊了整个航空业界。

尽管新机型研制成功，巴西人仍没有停止对自身组织的升级换代。巴航工业在 2016 年将旗下的商用飞机、公务机和防务板块的客户服务业务进行整合，成立了独立的客户服务部。2017 年，新成立的客户服务部正式投入运营。为了进一步拓展欧洲和亚洲市场，巴航工业去年先后在巴黎和迪拜增设了航材销售点。此外，为了加速在非洲市场的布局，巴航工业在南非约翰内斯堡建立了一个培训中心，用于进行飞行员、维修工程师和客舱机组人员的培训。

2017 年，该系列中的第二款机型 E195-E2 也提前完成首飞。巴航工业已于 2019 年 9 月交付首架 E195-E2。2019 年 12 月 12 日，巴航工业首架 E175-E2 在位于圣若泽杜斯坎普斯的生产基地成功首飞。E175-E2 是巴航工业 E2 系列中的最后一款机型，它采用最新的航空材料研制而成，成本更低，航程可达 3 800 千米，预计将在 2024 年推出。

在全球的支线飞机市场上，尽管有很多家飞机制造商，但是巴航工业和庞巴迪几乎瓜分了全球 120 座以下支线飞机的主要市场，其中巴航工业一家就占据全球支线飞机市场约 45% 的份额。他们的商用飞机已经成为巴西这个发展中国家除了足球以外，又一张引以为傲的名片。在干线飞机市场，波音与空客并驾齐驱。而在支线飞机市场，巴航工业则比庞巴迪略胜一筹。

巴航工业试图与波音"联姻"

前文已经多次提到，全球大飞机市场的竞争已经进入白热化阶段。具体而言，研发大飞机需要两个必要条件：其一，研发需要高新技术与强大的工业体系支撑；其二，需要大量的流动资金保证研发、制造与生产。而这两个必要条件可以被一个因素完全控制，那就是波音与空客两巨头的兼并。2018 年 1 月 10 日，巴西政府批准巴航工业与波音建立战略伙伴关系。消息一经传出，为巴西人独立发展大飞机事业的计划蒙上了一层阴影，巴航工业的未来也变得扑朔迷离。

巴航工业与波音的"联姻"，还要从国际商用飞机市场的风云变幻说起。据《大飞机》2018 年报道，庞巴迪以 1 加元的单价将 C 系列飞机 50.01% 的股权卖给空客。这就表明，庞巴迪已经向空客靠拢，作为空客对手的波音是不可能无动于衷的。根据国际商用飞机市场上的实力分布，波音毫无疑问地要拉巴航工业"入伙"。尽管对于巴航工业而言，确实需要一个支点来迎接行业格局的改变，但巴西政府不愿意将来之不易的商用飞机产业拱手相让。

2018 年 7 月 5 日，波音宣布已经与巴航工业签署了一份谅解备忘录。根据该备忘录，巴航工业将其商用飞机业务从公司业务中独立出来，以此为基础和波音共同建立合资企业，而波音将以 38 亿美元的对价占据该合资企业 80%

的股份，巴航工业则保留剩余 20% 的股份。

在这次"联姻"中，巴西人有自己的无奈。巴西是一个缺乏完备工业链支撑的国家，根本无法建立一个完整的航空工业产业链。相比之下，美国和欧洲这些航空巨头却可以在本国成熟的工业体系之上，通过全球化生产，整合最优质的资源，攻占全球市场。应该说，巴航工业的确取得了很大的成就，但这却不是指技术层面。

2019 年 5 月，波音方面宣布：新成立的合资公司将被命名为"波音巴西商用飞机有限公司"。这就意味着"巴航工业"这一名字将彻底退出商用飞机的历史舞台。新成立的合资公司业务估值 47.5 亿美元，其运营总部仍然设置在巴西，但是波音将对该公司的运营和管理拥有直接控制权。这也意味着，巴西人将失去在商用飞机业务上的主导权。同时，让巴西人引以为傲的 E 系列飞机被整合入波音已有产品线并随之更名几乎已是铁板钉钉。

此次巴航工业与波音的"联姻"所产生的多米诺骨牌效应还会继续。波音通过并购将获得的是巴航工业的整个商用飞机产品线，这意味着波音的产品线从并购前的 130～500 座级扩展到了 37～500 座级。相比之下，空客在并购后的产品线为 100～600 座级。未来除 C 系列项目之外，庞巴迪很有可能与空客开展全面战略合作，全球支线飞机市场的格局将重新洗牌。

还需要从此次并购中看到的是，巴西人与加拿大人分别"站队"有本质上的区别。有学者指出：从企业性质来说，巴航工业与庞巴迪是完全不同的两类公司。庞巴迪是一家完全私有化的股份公司，而巴航工业在1969年成立之初是一家不折不扣的国有企业，由巴西政府所创立。尽管20世纪90年代，巴航工业进行了私有化改制，但是巴西政府仍然拥有"黄金股份"，对企业的重大战略决策具有最终决定权。这种复杂的股权关系对于未来合资公司的运作会产生怎样的影响，目前还很难预计。波音近年来麻烦不断，想要解决自身困境都分身乏术。现已依附于波音的巴西人也是无能为力。巴西人的大飞机之路可以说是前程未卜。

从另一个角度看，原来井水不犯河水的全球商用飞机市场将出现新的格局。如果这起"联姻"最终成功，那么"空客＋庞巴迪"与"波音＋巴航工业"就会形成两大阵营。同时，支线市场与干线市场的区分也将随之消失。两大阵营的形成给中国商飞公司的C919发展带来了更大的挑战。有专家指出：一方面，从这两起合并可以看出，飞机制造商为了维持在制造领域的垄断地位，决心和手段都是非常令人印象深刻的，可以说不择手段；另一方面，两起合并呈现出一对一的寡头垄断，每家公司既有干线客机，也有支线客机。然而，两者最终还是没有达成协议。2020年4月25日，美国波音公司官方确认，终止与巴航工业民用飞机和服务部门组建合资公司的计划。

第 3 章

艰难抉择：
新中国航空事业的坎坷历程

1949 年的金秋，新中国成立，百业待兴！新中国需要在航空领域大展宏图。根据毛泽东的指示，周恩来、陈云、李富春、聂荣臻等着手研究筹划振兴中国航空工业事宜。然而，摆在我们面前的现实是"零基础"。我们也可以从一组数据中看到新中国航空事业起步之艰难：1950 年，新中国的航空运输总周转量、旅客运输量、货邮运输量分别仅为 157 万吨千米、1 万人和 767 吨，中国民航仅有 12 条航线，其中 3 条为国际航线。

新中国第一批女飞行员之一的武秀梅将军曾经回忆道："即便是培养飞行员所使用的飞机，也多是我军从侵华日军手里缴获的和国民党军队留下来的美、英、日等国的破旧飞机，数量少、机型杂。当时缺少汽油，就用酒精代替；没有保险带，就用麻绳代替；缺少机轮、螺旋桨，就几架飞机合着用；没有充气设备，就用自行车气筒给飞机轮胎充气；士兵们甚至用马拉着飞机走向跑道。"

就是在这种一穷二白的处境下，新中国航空事业的先辈们励精图治，依靠自己的双手，秉持自主创新精神，实现了从飞机修理到仿制，到跟踪创新，再到自主创新的跨越，从"修造结合"起步，通过几代人不懈的努力为新中国航空事业的发展奠定了坚实的基础，并一再从卓越迈向超越，书写了属于自己的光荣历史。

新中国成立之后不久，我们成功研制出了歼-5 战斗机，又称为"56 式歼击机"（于 1964 年正式命名），它是新中国成立后试制成功的第一架喷气式歼击机。歼-5的成功案例可以看作中国航空工业发展史上的一座具有重要意义的里程碑。从另一个角度而言，歼-5也是标志着新中国航空工业从修理走向制造的标志性机种。它被迅速批量生产、装备部队，打破了新中国成立以来飞机完全依赖从国外进口的局面，这让中国一举跨进了喷气时代，并成为继美、苏、英、法、德、瑞典之后第七个拥有喷气技术的国家。

至20世纪70年代，新中国的航空事业已经积累了一定的发展基础。在大飞机的研制方面，我们希望生产"运十"飞机来提升新中国航空业的整体发展水平。"运十"的重大历史意义在于：从时间维度来看，1970年立项研制国产大型喷气客机时，仅比空中客车的A300晚两年起步。"运十"的成功试飞使得中国一举成为继美、苏、英、法之后，第五个研制出100吨级大型客机的国家。

在努力自力更生的同时，我们也积极开展与国外的合作。20世纪90年代末，与麦道的合作给我国的航空制造业注入了新的活力，我们也取得了部分成果。然而，受风云变幻的国际形势的影响，我们与麦道的合作却"戛然而止"。在研制大飞机的路途上，我们仍然需要戒骄戒躁，稳步前行。

3.1

白手起家：
新中国航空工业的创立

　　每当谈起开国大典，我们都会回忆起这样一段"有趣"的往事。1949 年 10 月 1 日，天安门在进行阅兵，当地面的炮阵分队和汽车坦克分队经过主席台前时，天空中同时出现飞机方阵：人民空军共有 26 架各型飞机飞过天安门上空。后来我们才知道，受阅编队的飞机其实只有 5 种类型共 17 架。为了不让参加大典的群众觉得飞机太少，周恩来总理对着编队图提出建议："你们看，我们这些领队的战斗机飞行速度快，是否可以在通过天安门后，立刻转回去接在教练机的后面再飞一遍，再一次通过天安门。"所以，我们最终看到的是 26 架飞机。从开国大典这个细节中可以看出，新中国成立时我国空中力量非常薄弱，而人民空军正式成立的时间是在新中国成立后的 1949 年 11 月 11 日。

新中国航空工业"前史"

　　中国人民航空事业的发展是和中国共产党一贯重视航

空事业分不开的。党早在新中国成立之前就开始注重培养自己的空军人才。这还要追溯到20世纪二三十年代。在第一次国共合作期间，中国共产党选送了王弼和常乾坤等人去苏联学习航空相关理论，他们是党培养的第一批航空事业的领导骨干。此后，中国共产党又在土地革命战争时期不断派人去苏联学习航空相关技术。

1935年9月，从苏联东方大学和列宁学院的留学生中，选送刘风、王琏、王春、李凡等7人到苏联第三航空学校学习，他们是中国共产党培养的第二批航空领导骨干。如果说抗战前多次派人去苏联学习航空还只是中共航空事业的萌芽的话，那么抗战期间则是中共航空事业的初创阶段，抗战胜利后至解放战争时期则为新中国的人民航空事业奠定了基础。

中国共产党真正迈出走向组建自己的空军部队的重要一步是一所空军教育机构的成立。早在1945年9月，王弼就在张家口组建了航空站，刘风、蔡云翔等人则由陆路赶赴东北。当他们到达沈阳，向东北民主联军总部报到时，中共中央派往东北局的主要领导人彭其、陈云、叶季壮、伍修权等也刚抵达沈阳。伍修权立即指示刘风负责与苏军司令部交涉接收日本飞机和其他航空器材事宜。与此同时，延安又组织了两支航空队前往东北。由汪伪政府空军起义的白起、何建生等也从扬州起程奔赴东北。

新中国航空史的重要时刻到来了！1946年3月1日，

中国人民解放军第一所航空学校，即东北民主联军航空学校（简称"东北航校"）在吉林通化成立。开学典礼上，通化军区司令员何长工宣布航校领导干部的任职命令，通化军区后方司令员朱瑞兼任校长，常乾坤任副校长。东北民主联军航空学校先后改称"东北人民解放军航空学校""中国人民解放军航空学校"，又称"东北老航校"。它的创建是中国人民航空事业的里程碑，至此开创了中国人民航空事业的新纪元，不仅为人民航空事业培养了一大批航空人才，还摸索积累了适应我国国情创办航校的丰富经验。中国共产党早期培养的一批航空骨干、选调的陆军官兵以及日军起义人员，在艰苦险恶的条件下，以惊人的毅力和智慧展开艰难创业，培育出560多名航空人才。这样看来，东北航校在新中国成立前为后来空军的组建做出了重要贡献。

在人民解放战争取得全面胜利的前夕，中国共产党就希望成立自己的空军部队。1949年3月8日，中共七届二中全会期间，毛泽东、刘少奇、周恩来、朱德等中央领导人召见了具体主持东北航校工作的常乾坤和王弼。事后根据他们的建议，决定成立军委航空局，统一管理全国航空事业。新中国成立前，毛泽东主席曾指出过："我们打了几十年的仗，建立了很强大的陆军。但是，我们没有空军对付头上的敌机，就是凭不怕死，凭勇敢，凭敢于牺牲的精神。今天，我们有了建立海军和空军的条件。应当着手建立一支强大的海军和一支强大的空军。尤其是空军，对于国防极其重要，应当赶快建立。"

新中国成立后不久，迁往香港的中国航空公司和中央航空公司于1949年11月9日宣布起义，共有12架飞机飞回祖国大陆。在两个航空公司的全体员工毅然宣布起义并且投入祖国怀抱之时，周恩来总理致电表示热烈欢迎，并勉励他们坚持爱国立场，努力进步，为建设新中国的人民航空事业而奋斗。周恩来曾说："新中国的民航事业从无到有、从小到大。建设新民航，人才是主要的。有了星星之火一定能够燎原。"之后又有1700多名起义员工陆续返回大陆，为日后中国民航的发展奠定了航空人才的基础。

从"修造结合"起步

1949年10月1日，开国大典上飞经北京上空的飞机都是从国民党那里缴获的或起义而来的，许多都是经过修理的飞机。这也表明，百废待兴的新中国需要制造自己的崭新飞机。想要制造飞机，就必须得从头开始：首先要做的就是开辟国内航线。1950年3月31日，民航局向中央建议以小飞机开辟国内航线，采用企业制的模式。毛泽东主席在民航局递送的报告上批示："所拟方针可用，具体实施办法请与周总理、聂代参谋长商酌办理，与空军司令部配合。"民航局遵循毛主席的指示，立即着手筹备开航事宜。

1950年7月29日下午，民航局在北京西郊机场举行了"北京"号命名仪式。"北京"号是一架CV-240飞机，它是康维尔公司最初为美国航空公司提供的康维尔110原型机，作为该公司 DC-3 飞机的替换机型，于 1946 年 7 月8 日首飞成功。这架"北京"号 CV-240 飞机是 1949 年 11月 9 日起义飞机中的带队长机，由中央航空公司飞行师潘国定驾驶飞回北京西郊机场，飞机注册号为 XT-610。它自身装有 2 台 2 400 马力活塞式发动机，配 3 叶螺旋桨，飞行速度为 378 千米 / 小时，可载客 40 人。这架飞机是最初担任航班运输的飞机之一，后来"北京"号试飞北京—拉萨航线成功，并于 1958 年退役。目前该机被收藏在中国航空博物馆。1950 年 8 月 1 日，我国民航局正式开辟了天津—武汉—广州和天津—武汉—重庆两条国内航线。"八一"开航也成了新中国民航正式起步的重要标志，中国民用航空运输业由此掀开了新的一页。

在开辟国际民用航线方面，新中国也做出了诸多努力。我们通过外交层面获得了其他国家在航空领域的支持。1950年 3 月 27 日，中国政府与苏联政府在莫斯科签订了《关于创办中苏民用航空股份公司的协定》。新中国急需建立同苏联及其他友好国家之间的国际航空交通，目的在于协助中国本国航空事业的发展以及加强中苏两国间的经济合作等。

周恩来总理起初就对中苏民用航空股份公司（简称"中苏民航公司"）的发展倾注心血。1950 年 4 月，中苏民航公司筹建时，他曾发电报给聂荣臻、彭德怀等同志，要求及时调派我国民航公司干部积极向苏联学习。他强调，要从苏联聘请专家，开办大批专业技术学校，用来培养中国自己的航空专业人才，以求壮大我国航空力量。1950 年 7 月 1 日，中苏民航公司正式成立，首飞北京—沈阳—哈尔滨—齐齐哈尔—海拉尔—赤塔航线，这是军委民航局成立后新中国民航国际航线的正式开航。此后，中苏民航公司又开辟了北京—乌兰巴托—伊尔库茨克、北京—太原—西安—兰州、兰州—酒泉—哈密—迪化、迪化—伊犁—阿拉木图等航线，1954 年定期航线已达到 8 条。

　　成功开辟了国内和国际民用航线，下一步就是通过立法将建设我国航空工业纳入国民经济建设之中。1951 年 4 月 17 日，国家颁布《关于航空工业建设的决定》，航空工业管理委员会成立，新中国的航空工业在抗美援朝的烽火中诞生。我们当时面对的现实情况是所属工厂多数是国民党统治时期遗留的烂摊子，生产力落后，相关的航空技术基础薄弱，家底薄、基础差，条件十分简陋。

　　1950 年 6 月 25 日，朝鲜战争爆发。这场战争加速了新中国在航空领域的前进步伐。中国人民志愿军于 1950 年 10 月 19 日入朝参战。我们面对的最紧迫的一个问题就是急需大量的作战飞机来夺取制空权。然而，当时国内的工业基础非常薄弱，几乎没有自己的航空工业。于是，尽快创建我们自己的航空工业，已经成为一件刻不容缓的事情。但是，在抗美援朝的历史背景下，并不是所有的人都赞同航空工业立即上马。提出反对意见的人主要是考虑到眼下国家经济基础薄弱，如果给航空工业优先"开绿灯"，用外汇、欠账，把钱花光了，其他事业的发展会受影响。

周恩来总理指出党中央做出决定的初衷："中国航空工业的建设道路，要从中国的实际出发。我们是先有空军，而且正在朝鲜打仗，大批作战飞机需要修理，这是首先要解决的。"虽然当前的主要任务是修理飞机，但党中央却目光长远。针对中国先有空军，后有航空工业的特殊情况，周恩来总理叙述了由毛泽东主席审定的"先修理后制造，再自行设计"的航空工业建设方针，原则是"由小到大"，在设计建立修理工厂的同时，就应考虑以后转为制造厂的问题。后来，周恩来总理还特别强调："我国拥有960万平方千米的国土和五六亿人口，靠买人家的飞机，搞搞修理是不行的。"由此可见，经历过战火纷飞的党和国家领导人深知自己能生产飞机的重要性。

曾任重工业部航空工业管理局局长的段子俊回忆建国初期情形时，谈到国家各项事业的发展都面临重重困难。航空工业的建设步骤是从小到大、先修理后制造，新中国首任空军司令员刘亚楼提出修理的三种规模：一是大型修理，建大型修理厂，任务是从大型修理到备件制造，把制造的零件分发到外场用于小型修理；二是小型修理，场地设在每个航空学校，建制归空军司令部，技师和工人由航空工业管理局配备；三是野外修理，每个机场都有，建制归空军司令部。

朝鲜战争还没有结束时，党就已经着手规划新中国航空事业的发展蓝图。中央人民政府革命军事委员会和政务院于 1951 年 4 月 17 日颁发了《关于航空工业建设的决定》，其中主要内容有五点。第一，中国航空工业建设在目前阶段的任务，是全力保证中国空军所有飞机的修理，尔后再逐步向制造方向发展。第二，航空工业在目前阶段必须实行统一经营管理的原则，在航空工业发展到能集中力量制造飞机时，再把制造和修理分开。因此，决定将空军所管辖的工厂，包括人员、设备、资料、厂房、厂址全部移交给航空工业局。第三，航空工业局接收工厂后，即承担空军的飞机修理和零部件供应任务，并按经济核算制办理。第四，为提高产品质量，航空工业局和空军司令部应分别成立检验、验收机构。第五，为加强对航空工业的领导，决定成立航空工业管理委员会，置于军委领导之下，并决定聂荣臻、李富春、刘亚楼、何长工、段子俊等为委员，聂荣臻为主任，李富春为副主任。

翌日，中共中央就根据航空工业建设的需要发出通知给各中央局、分局、军区："为适应空军建设，根据中央决定，重工业部设立航空工业管理局，统一负责飞机的一切修配工作，由段子俊同志任局长。搞航空工业是目前新的工作，具有高度技术性、政治性，今后修配任务重大，现有飞机修理工厂均需重新扩充整理，困难很多。为了能够顺利完成这一艰巨任务，望各大行政区党、政、军及工业部门，应尽大力予以援助，并及时进行监督指导。"由此可以看出中央对于新中国航空事业发展的重视程度。

1951 年 6 月 29 日，根据中央人民政府革命军事委员会和政务院的决定，空军将"空军工程部东北修理总厂第五厂"正式移交给重工业部航空工业局。同日，中国第一个歼击机研制基地——"国营 112 厂"在沈阳诞生了。从1951 年 10 月开始，在苏联的援助下，我国重点发展了六大厂，分别是沈阳飞机修理厂、沈阳发动机修理厂、哈尔滨飞机修理厂、哈尔滨发动机修理厂、南昌飞机修理厂和株洲发动机修理厂。在先修理原则的指导下，中国航空人也关心如何建设的问题。

段子俊回忆了当时与基建计划处的苏联专家组组长瓦西列夫之间的一段对话。他对段子俊说："根据我对中国实际情况的了解，飞机修理厂与飞机制造厂的建设最初不应分开，而应结合起来一起考虑，这样可使从修理到制造的过程加快三至四年"。从 20 世纪 50 年代初到 60 年代末，我国民用航空主要使用里-2、伊尔-14、伊尔-18、安-24等苏制运输机。军用飞机同样如此，从苏联的米格-15、米格-19、伊尔-28 到国产机歼-5、歼-6 等，这些飞机都沿用苏联 20 世纪五六十年代的维修思想和方法，随着使用时间的延长，会出现一些故障和事故，检查、维修的内容越来越多，千篇一律地使维修内容扩大。这种传统的维修思想和维修方式，在当时航空装备的设计、制造水平和维修检查手段不足的条件下是必要的。

瓦西列夫提出了比较中肯的建议："已选定的五个大厂厂址离城市中心很近，交通、水电、线路均可借用原有设施，无须另建。筹建大厂时就可以把修理和制造结合起来，在修理的同时，就开始制造零部件，直到把飞机全部制造出来。这种边修理、边组织零部件制造的过程，也是各类人员得到培养迅速成长，各种规章制度建立、健全的过程，这样做是最快的。"

当时，针对航空工业管理局的办公地点设在何处也引起了一些争议。有人主张将管理局设在北京，其他人则主张设在沈阳。最后由周恩来总理拍板："先设在沈阳，以后是否迁往北京，视情况发展而定。"周总理的理由是：东北的工业基础比较好，当时的工作重点在东北，从苏联来的技术资料、器材和物资都先运到东北。也是在这种"修造结合"原则的指导下，我国民航事业慢慢起步。

我国航空制造工业的开端

1951 年 5 月 15 日，重工业部代部长何长工署名转发政务院 4 月 29 日的文件，批准航空工业管理局正式成立，由段子俊同志负责在沈阳开始办公。同年 7 月，政务院任命何长工兼任航空工业管理局局长，段子俊、陈一民、陈平为副局长，段子俊全面负责代职代行。至同年 9 月，航空工业管理局共接收了近 20 个飞机修理厂和军工厂，搭起了中国航空工业的最初框架。

为了帮助新中国航空事业尽快起步，党中央多次从政策方面给予中国航空人以支持。1952 年 5 月，中央军委及政务院又决定将民用航空的行政管理和业务经营机构分开，改设民用航空局与民用航空公司。民用航空局为行政领导机关，负责管理和指导民用航空公司的航行路线、技术标准、安全制度、器材规格、技术人员检定等技术业务工作。民用航空公司为经营业务的机构，实行企业化管理，按经济核算制执行业务，公司在业务上和财务上为独立的企业单位。这样对民用航空局和民用航空公司的职责范围做了一定的界定，从而有利于克服政企合一所带来的弊端。

除去我们自身决心发展新中国的航空事业，新中国还在苏联的帮助下先后成立了六大厂。与此同时，苏联的修理列车也开到了中国东北。至 1951 年底，这些飞机修理厂和修理列车共修理了各种型号的飞机 110 架，发动机 300 台；1952 年共修理飞机 284 架，发动机 2 027 台；1953 年共修理飞机 475 架，发动机 1 626 台。它们完成了大量的飞机及其配件的修理任务，同时积极支援了抗美援朝战争。

1954 年 7 月 26 日，在江西省南昌市附近，平素显得有些荒凉的国营 320 厂试飞站，突然人声鼎沸。第二机械工业部部长赵尔陆、江西省政府主席邵式平、江西省委副书记白栋材、空军副政委吴法宪、第二机械工业部第四局的负责人、苏联总顾问波斯别霍夫，以及空军、海军、中共中央中南局的领导，汇集在这临时搭建的主席台上。他们都期待着一个重要时刻的到来。

在简陋的飞机跑道起飞线上，3架军绿色的飞机翘首待飞。赵尔陆为飞机剪彩后，绿色的信号弹划破长空，3架飞机振翼腾空，在试飞站上空变换编队，做着种种特技表演。1954年的第二和第三季度，我国分别试制出了雅克-18教练机。1954年9月29日的《人民日报》第四版上刊发了新华社的报道《我国自制飞机成功并且性能良好》，其中指出："七月二十六日，在某地隆重地举行了试飞典礼大会，在雷动的欢呼声中我国首批自制飞机飞上了祖国的天空。"报道称："这是我国航空制造工业的光辉的开端。"

在此后的几年里，我国航空工业捷报频传。1956年7月，歼-5喷气式战斗机研制成功，比预定计划又提前了一年。同年9月8日，庆功大会在新中国航空工业管理局的诞生地沈阳召开，聂荣臻元帅、国家科委主任韩光、司法部部长史良、轻工业部部长沙千里、建材部部长赖际发、军委装备部部长万毅等都到会观看了飞行表演。

也是同一年，中国民航决定试航拉萨航线，在当时的条件下开辟这条航线的难度极高。这样的一组数据或许可以给出直观的体现：当时世界上最难飞的航线是在15 000英尺（4 572米）高空飞行1.5个小时，而北京—拉萨航线要在20 000英尺（6 096米）高空飞行3个小时。而在20世纪40年代，西方冒险家为了寻找进入西藏的空中通道，上百名飞行员葬身冰峰。因此，在决定出发前，所有机组人员都写好了遗书。1956年5月25日，一队运输机在领队机机长韩琳的带领下，开始了北京—拉萨航线的试飞行动。5月26日是一个雨后天晴的好日子，9时13分，飞机降落在刚刚建成的拉萨机场。试航的成功，打破了拉萨航线"空中禁区"的说法。5月30日，一架乘载旅客的"北京"号客机平稳地降落在拉萨机场（草原临时机场）。"北京"号客机在北京—拉萨3000千米的航线上，飞行了11个小时，这11个小时成为共和国航空史上开天辟地的又一个"第一次"。

　　1958年7月26日，我国自行设计的第一架飞机"101号"飞上蓝天。它是我国自行设计制造的第一型飞机，也是自行设计制造的第一型喷气式飞机，来自我国第一个飞机设计机构——沈阳飞机设计室。后来，经报请空军和航空工业管理局批准后，新型喷气式教练机被命名为"歼教-1"，又称"101号"机。叶剑英元帅代表中央军委参加了庆功祝捷大会。这架飞机的性能在当时同类型飞机中是比较先进的。就在我国开始这架飞机的设计时，还有几个国家也在设计这种飞机。它们的工业基础都比我国雄厚，设计经验也比我国丰富，但是它们的同类型飞机在我国的"101号"飞天后两年左右才陆续试制成功。这说明我国虽然基础薄弱，条件很差，但是在党的领导下，只要指导方针正确，设计和生产人员有为祖国航空事业献身的精神和革命干劲，照样能够跑在前面。第一架喷气式飞机飞上蓝天，在我国航空史上写下了光辉的一页，为飞机设计专业培养人才取得了诸多宝贵经验。

3.2

戛然而止：
运十飞机的遗憾

在研制 C919 之前，我国曾经有一架自主研制的大飞机翱翔在祖国的蓝天之上，它就是"运十"。但提起研制"运十"，可能又是中国航空人最不愿意回首的一段往事。然而，作为在大飞机研制领域力求突破的中国人，又必须正视那段历史。"运十"是中国首次自行研究、自行制造的喷气式客机，虽然最终无疾而终，但它却在中国航空发展史上扮演了极其重要的角色。从往事中吸取经验教训，才会让那段遗憾的岁月不再遗憾。

破"土"而出

"运十"项目源自党和国家领导人的倡议。1969 年，周恩来总理提出将刚刚仿制成功的轰-6 轰炸机改装为民航飞机的设想。据《中国航空工业四十年》，1970 年，毛泽东主席到上海视察工作时曾指示"上海工业基础很好，可以造飞机嘛！"在"运十"诞生之前，我们国家的领导人出访国外，都是租用其他国家的客机。因此，从安全角度考虑，制造我们自己的大飞机势在必行。

党和国家最高领导人对研制国产飞机的期望和对上海的关注，为上海承担研制国产飞机的重任创造了有利条件。于是，当 1970 年上海提出造飞机的请求时，国务院总理周恩来、中央军委副主席叶剑英、国务院副总理李先念等中央领导从发展我国航空事业的角度出发，表示同意。中央军委航空工业领导小组（简称"航空工业领导小组"）正式送上了《关于上海试制生产运输飞机的报告》。

根据中央领导关于研制大飞机的指示精神，1970 年 7 月 28 日，由空军司令部副司令员曹里怀主持，在北京召开紧急会议，第三机械工业部（简称"三机部"）有关领导共同研究决定在上海研制大型客机的方案。会议提出，要抓紧时间进行，尽快研制出飞机；研制的飞机要保证质量，安全可靠；飞机要美观，具有中国自己的特色；要一机两用，平时作为客运飞机，战时可作为运输飞机。

1970 年 8 月，中华人民共和国计委、中共中央军事委员会国防工业领导小组以《关于上海市、广州市、济南地区制造飞机的批复》，正式对上海下达了研制生产大型运输飞机的任务，并且将这项任务正式纳入国家计划。文件明确指出，研制生产需要的技术资料、试制所需费用，原材料供给及计划的下达，均由三机部统一归口。由于任务于 1970 年 8 月下达，因此将这一任务命名为"708 工程"，飞机代号为"'运十'（Y-10）"。同年9月14日，上海市革命委员会确定，"运十"飞机在5703厂进行总装。翌日，上海市革命委员会工交组成立大型喷气客机会战组，并确定了一批协作单位。1971年1月13日，上海市第一机械电机工业局发出安排"708工程"任务的通知，明确上海飞机制造厂为主机厂，主要任务是飞机机体及零部件的制造、飞机铆接、飞机总装调试、飞机的试飞与维护、镁铸件的生产等。至此，研制大型喷气客机进入工程实施阶段。

1973年，国务院、中央军委批转上海市革命委员会《关于研制大型客机的请示报告》和国家计委《关于上海研究试制大型客机问题的报告》，明确大型客机的研制由上海市统一领导，并负责组织实施，技术业务由三机部负责归口。空军将上海飞机制造厂下放给上海市领导等。此外，民航总局调拨波音707样机及机组、地勤人员；工程设备由一机部、冶金工业部安排。"708工程"的行政负责人是熊焰，技术负责人是马凤山。他们与总体设计科技工作者一道，打破了当时沿用的苏联飞机设计模式，大胆借鉴国际先进设计理念，创造性地提出了"运十"设计总体方案。此方案内容包括飞机采用150～180座级、一排六座的客舱布局、大展弦比中等后掠的机翼、翼吊式发动机布局、多轮车架式起落架、当时比较先进的翼型、马鞍形翼根整形、可调式平尾等，飞机还采用国际通用的先进适航标准作为设计的基本规范。

"运十"飞机的设计过程可以说是一波三折。在1970年7月下旬三机部召开的会议上，大型喷气客机方案工作组宣布成立，并且确定了"运十"飞机的方案：以轰-6为基础改运输机——采用轰-6的机翼，机身参考"三叉戟"，3台JY3D-3B发动机尾吊。这一方案的主要出发点是想利用一部分轰-6的部件，减少新机试制的工作量，快出飞机、早出飞机。当时苏联就有将图-16改为图-104客机的先例。在轰-6飞机的诸多部件中，值得利用的大部件就是机翼，为保留完整的机翼，发动机只能布置在机身后部，何况那时国际上正盛行"三叉戟"这一类的尾吊布局。这就是"运十"第一设计方案的基本思路。

然而，到1970年11月初，相关部门对"运十"的最大飞行速度和航程的要求都有了很大的提高：航程指标从5 000千米提升为6 500千米；速度指标由原先的900千米/小时提到950千米/小时。也就是说，轰-6改型方案的气动设计已经不能满足飞机不断提高的技术要求了。1971年1月13日，在北京民族饭店召开的汇报会议上，空军34师副师长潘景寅对"运十"第一版设计方案提出了八点尖锐意见，加之此前设计组内部对第一版设计方案已经颇有微词，设计工作难以在原方案上继续。此后，设计组发动群众进行各种方案的讨论和研究。同年5月，设计组赴京向空军党委汇报，通过了机翼下吊装4台915发动机的方案。但是，由于当时的政治环境，除了总体气动方面有所进展外，其他方面的设计因缺乏参考而难以深入，进一步设计面临很大的困难。

1971年12月15日，一架巴基斯坦航空公司的波音707-320C飞机在新疆阿苇滩机场着陆时失事，北京的领导抓住时机，立即组织有关的航空工业技术人员去新疆。中央军委副主席叶剑英亲自组织对波音707飞机的残骸进行研究，并做出具体指示："弄清关键部位，并测绘下来。"经过对飞机残骸的分析、研究、学习、测绘，设计人员在广泛吸收国际先进经验的基础上，独立设计，基本解决了"运十"在设计中面临的十几个重大技术问题和设计中的难点，总体方案基本确定。

根据中央军委办公会议决定，1972年8月5日到22日，三机部和上海市联合召开大型客机总体设计方案会审会议。会议听取了马凤山关于"708工程"总体设计方案的汇报，对总体设计方案和总体、气动、强度、结构、特设、系统六个部分进行了十分认真的专题审查。参会的有关专家、技术骨干、领导人员大体上通过了"运十"的设计方案，认为其是可行的，设计工作由此全面铺开。1976年至1979年，"运十"飞机的静力试验项目全部合格，准备进入试飞阶段。

"运十"全机长42.93米，机身长40.75米，机高13.42米。机身采用半硬壳式安全结构；机身横截面为由2段圆弧形构成的倒"8"字形状，共有87个隔框，1～74隔框之间为气密舱；尾翼为全金属结构；平尾为全动形式，最大可上偏 2.5 度，下偏 12 度；垂尾面积较大，位置在机体正中。"运十"的起落架采用前三点式，前机轮向前收入前机身下的舱内，主起落架向内收入机身下部的起落架舱内。

飞遍大江南北

"运十"01 架机的静力试验于 1979 年顺利完成，接下来就是试飞了。据《上飞六十年》记载，"运十"试飞主要历程如下：

1980 年 9 月 26 日，"运十"飞机在上海大场机场进行首次试飞。上午，全体试飞人员在大场机场南端待飞线上集合，飞行指挥员张耀德下达试飞任务后，7 位空勤组人员登上"运十"02 架机。9 时 37 分，飞机由南向北滑动进入起飞阶段。当滑跑速度达到 200 千米 / 小时时，机长拉杆抬起前轮，保持 30 度姿态角，速度达到 220 千米 / 小时时，飞机平稳地腾空而起。飞机在机场上空飞行两周，飞行高度为 1 350 米，速度为 310～330 千米 / 小时，起飞重量为 80 吨，飞行状态不收起落架和襟翼。飞机共飞行 28分钟，于 10 时 05 分从北向南着陆，首飞成功。

1980 年 10 月 15 日，"运十"飞机又连续进行收襟翼不收起落架和收襟翼收起落架的 2 次试飞，试飞结果证明，该机操纵品质良好，系统工作正常。10 月 17 日，"运十"飞机在上海大场机场做第一次汇报试飞。飞行时间为 11 时25—48 分，收襟翼收起落架，于 300 米高度飞行两圈，速度为 315～350 千米 / 小时。出席观看汇报试飞的有中共上海市委、上海市政府、市人大常委会和市政协的领导陈国栋、汪道涵、韩哲一等。上海市各部、委、办、局、区的领导，参加研制的各公司、厂、所、院校的领导、技术人员和工人代表数千人同时观看了汇报试飞。

为考察"运十"飞机外场着陆和实际航线的飞行品质及能力，自 1981 年 12 月起进行转场试飞，结合进行研制试飞科目。

经总参谋部和空军同意，"运十"飞机于 1981 年 12 月 8 日从上海大场机场起飞，起飞重量为 85 吨，重心在 21% 平均气动弦长处，飞行高度为 11 000 米，速度为 900 千米 / 小时，历时 1 小时 48 分，于 14 时 51 分抵达北京南苑机场。蒋祖同等 50 人随机赴京。

"运十"于抵京第二天和 12 月 11 日进行了两次汇报飞行。空军副司令员曹里怀、海军副司令员梅嘉生、三机部部长莫文祥和民航总局局长沈图等观看了汇报飞行，并接待了 67 个单位、4 400 多位各界代表。中央电视台、《文汇报》《中国日报》《中国青年报》《北京晚报》《羊城晚报》等媒体对"运十"飞机做了报道。国务院副总理薄一波于 12 月 25 日在中南海办公室接见了上海赴京汇报代表蒋祖同、王允祥、马肃、马凤山等，并做出重要讲话，对"运十"飞机研制成功和飞抵北京给予了很高的评价和鼓励。"运十"飞机于 12 月 27 日返回上海。

1983 年 12 月，国家经济委员会要求"运十"飞机执行支援西藏货运任务。1984 年 1 月 24 日，"运十"由上海大场机场飞抵成都双流机场。经国务院批准，"运十"于 1 月 31 日 8 时 25 分由成都双流机场起飞，飞越大雪山、宁静山、唐古拉山，跨过金沙江、澜沧江、雅鲁藏布江，共飞行 2 小时 05 分，在拉萨贡嘎机场安全着陆。"运十"在试飞中进行着陆、巡航、起飞性能的测试，并在机场停留期间进行各种形式的起动试验。"运十"于当天 12 时 07 分起飞返航，在双流机场稍做停留后，下午返抵大场。"运十"飞往拉萨时，王维翰等人随机。

1984 年 3 月 8 日开始，由薛德馨、赵金德、周正带队，执行"运十"飞机支援西藏货运任务。第一架次装载上飞厂支援驻藏部队的太阳能热水器，于当天飞抵成都双流机场后，又加载进藏班机的行李，合计商载 8 吨多。"运十"于 3 月 9 日 8 时 21 分从双流机场起飞，于 10 时 18 分安全抵达拉萨贡嘎机场，于当天 14 时 56 分返抵成都。接下来，在 3 月 12—16 日，"运十"飞机又先后 5 次进藏，为西藏空运蔬菜、罐头、文具、电视机、录像机以及其他急需物资 40 余吨。胜利完成支援西藏货运任务后，"运十"于 3 月 20 日 11 时 25 分返抵上海大场机场。"运十"飞机离藏前，西藏自治区人民政府赠送锦旗一面，上书"深切感谢宝贵的支援"。

成都—拉萨航线素有"天险"之称，沿线气象复杂，在航行中"运十"飞机经受了重心处纵向突风过载 2.0 的严峻考验（纵向突风过载 2.0 是指飞机在飞行中遇到纵向突风，使飞机的空气动力达到支撑的飞机重量的 2 倍，这在民航飞机上是少见的）。拉萨贡嘎机场海拔 3 540 米，三面环山，净空条件很差。"运十"飞机能够连续成功执行支援西藏货运任务，证明飞机具有在高原和复杂气候条件下飞行的适应能力。

1985 年 2 月 2 日，"运十"飞机于 8 时 32 分由大场机场起飞，于 9 时 57 分抵达郑州机场（二级机场），于 2 月 11 日返航。这是"运十"飞机最后一次试飞。至此，"运十"飞机先后转场试飞北京、哈尔滨、合肥、乌鲁木齐、广州、昆明、成都、拉萨、郑州等城市，均获成功。

"运十"的技术突破

"运十"飞机是由中央直接指挥，中央各部委、军队及全国 21 个省、自治区、直辖市 300 多个具体单位集体创作、大力协作的产物，它的研制成功使我国拥有了自己设计、制造大型飞机的复杂技术，这不仅填补了我国以前不能制造大型飞机的空白，而且使我国成为继美、苏、英、法之后，第五个研制出 100 吨级飞机的国家。在"运十"飞机研制的 10 年中，上海同步研制成功了与 JT3D-3B 性能相当的 915 发动机并成功地串装在波音 707 飞机上，由上飞厂和上海航空发动机制造厂共同进行了飞行试验。

"运十"飞机成功首飞并进行了各项飞行试验，此举引起了世界舆论的广泛关注和高度赞誉。美国波音公司前副总裁斯坦因纳在 1985 年 5 月的《航空周刊》上评论道："'运十'不是波音 707 的翻版，更确切地说，"运十"的成功研制是该国发展其设计、制造运输飞机十年之久的能力的锻炼。"英国路透社于 1980 年 11 月 28 日电讯评价"运十"道："在获得这种高度复杂的技术后，再也不能视中国为一个落后国家了。"时任麦道公司中国业务总裁张镇中在《命运》杂志上发表文章说："MD－82 要进入中国市场，最大的障碍是"运十"飞机。"

国内外之所以对我国研制"运十"飞机如此重视，是因为"运十"飞机的研制、试飞成功，体现了我国航空技术的进步。"运十"飞机是继"两弹一星"之后再次为中国赢得荣誉和国际地位的伟大创举。

"运十"飞机在研制过程中获得了多项技术突破。

（1）"运十"飞机的研制突破了新中国成立以来我们所遵守的苏联飞机制造业的规范。这种规范对新技术的采用有不少限制，"运十"的研制推动我们打开了视野，采用了在当时比较先进的欧美民用飞机设计规范。

（2）国内首次采用尖峰式高亚声速翼型。

（3）国内首次采用"破损安全""安全寿命"概念设计飞机的结构。

（4）国内首次采用翼展整体油箱，最大装油量达 51 吨。首次研制出机身大气密客舱，最大容积达 318.85 立方米。

（5）首次采用机翼下吊发动机的总体气动布局。

（6）首次采用由调整片带动操纵面的气动助力操纵形式，省去了液压助力装置。

（7）在我国，首次进行了规模较大的全机各系统地面模拟试验，进行了自由飞模型试验，共完成全机各种试验163项。

（8）全机选用材料415项，其中新材料76项，占18%；选用标准959项，其中新标准164项，占17%；选用配套成品435项，其中新成品305项，占70%；选用轴承185项。

（9）国内首次将电子计算机用于飞机型号设计，编写了计算程序138项。

（10）国内首次组织大型客机的研制试飞，共飞行122个起落，165小时。

研制"运十"飞机是"自力更生"原则的具体实践。当时，要制造这样的大型客机，一无样机，二无现成的成套资料图纸可作依据。为了使研制顺利进行，在当时的政治环境下，科研人员仍没有放弃任何可引进、借鉴的国外先进技术。

戛然而止

"运十"02架机首飞成功后，由于经费不足，研制工作难以为继。1980年12月22日，上飞厂写信给中共中央主席华国锋，全国人大常委会委员长叶剑英，中共中央副主席邓小平、李先念、陈云，国务院总理胡耀邦，国务院副总理姚依林，全国人大常委会副委员长彭冲，三机部部长吕东等中央领导，汇报"运十"飞机的研制过程及性能投资等情况，请求从经费上给予支持。胡耀邦、姚依林、张爱萍等对此做了批示。1981年1月21日，上飞厂写信给邓颖超同志，汇报"运十"飞机研制过程、国家的投资情况、工厂的规模，建议国家再追加一些投资，将"运十"03架机造出来，避免国家遭受损失。

根据中央财经领导小组的要求，国家计委国防局和三机部经过调研，分别于1981年1月12日和2月11日向财经领导小组作了报告。两个报告均认为："运十"飞机是国内第一架自行设计、自行制造的大型客机。通过研制"运十"飞机，已建立一支大型客机的设计研制队伍，初步形成研制大型客机的基地，现在样机已进入验证性试飞阶段。在国内现有条件下，取得这样大的进展是很不容易的。继续研制下去，可使"运十"飞机进一步改进完善，较系统地积累数据，拿到较完整的成果，有利于这支队伍的全面锻炼成长，也可为今后研制民航飞机打下基础。中途停下不干，损失太大。同年4月9日，国务院副总理薄一波在三机部的报告上做了重要批示，要求组织一个专家论证组，对"运十"飞机的研制问题进行全面论证。

根据薄一波的批示，1981年6月18—24日，三机部和上海市政府联合在上海召开"运十"飞机论证会。会议由三机部副部长何文治主持，上海市副市长韩哲一到会并讲了话。应邀参加会议的有航空技术、冶金、化工及经济方面的著名专家吴仲华、王俊奎、范绪箕、杨先之等55位代表。专家们经过论证，认为"运十"飞机经过研制单位和协作单位的共同努力，做了大量工作，培养了一支设计、工艺、研究、管理队伍，首次按照欧美航空规范进行设计，初步形成了设计、试验、制造大型客机的能力，为进一步发展中国民航工业打下了基础。取得了100吨级的大型客机、大型发动机以及配套的航空新材料、新成品和器件的初步研制成果，填补了中国民航工业在这方面的空白。因此，专家们建议"运十"飞机的研制工作不要停，队伍不要散，成果不要丢。专家们还建议，应积极发展中国自己的民航工业，民航飞机原则上应立足于国内生产，并实行保护政策。

专家论证会后，三机部和上海市政府于1981年8月13日向薄一波以及国务院上报了论证会的情况报告。报告根据绝大多数代表的意见，建议"运十"飞机应走完研制全过程，取得完整的技术成果，并提出再研制3架、2架、1架和用第3架已制零部件做必要的疲劳试验等4个方案。此报告上报后，未获批复。1982年初，上海市计划委员会和市国防工办又向国家计委作了报告，请求立即恢复和继续完成第3架飞机的研制工作，并表示上海可承担一半研制经费（约1 100万元），但仍未获批复。至此，"运十"02架机继续做少量试飞后，于1985年2月停飞。

3.3
影响深远：
与麦道公司合作始末

  我国在制造大飞机的道路上，曾经有这样一段"特殊"经历：我们希望与世界航空巨头联合，以提升自身在飞机制造领域的能力与实力，虽然无疾而终，但也在我国大型民用飞机发展史上具有启发意义。2000年2月24日，两架MD-90飞机顺利试飞，并且很快拿到了美国联邦航空管理局（FAA）的适航证，它的意义非常深远。与麦道公司合作生产民用飞机，是20世纪90年代由"中航总"制定，在国务院批准的发展民机"三步走"战略中实实在在走到底，并取得了重要成果的项目。它倾注了我国民航界无数人的汗水与付出。

与麦道合作生产 MD-82

  众所周知，中美于1979年1月1日正式建交，这意味着世界上最大的发达国家与最大的发展中国家正式建立起外交关系，从此两国在各个方面展开了多项合作。在此之前，美国麦道公司实际上就已经"嗅到"中美建交的气息，他们也预测在中美建交之后，中国的民航市场将是麦道公司未来发展的重要一环。

麦道公司由麦克唐纳飞机公司和道格拉斯飞机公司在1967年合并而成。道格拉斯飞机公司是麦道公司的一个分公司，主要生产大型运输飞机。早在20世纪20年代，道格拉斯飞机公司就开始与我国交往。麦道公司之所以选择与上海合作，是因为上海已经成功研制了中国第一架大型喷气客机——"运十"，积累了一定的生产干线飞机的经验，既有一支有较高水平的生产技术队伍，又有一个能运用先进管理技术的管理队伍。同时，上海是中国的一个工业基地，技术力量雄厚，综合配套能力强。

在我国工业水平相对落后和配套能力相对薄弱的条件下，发展飞机制造这种技术高度密集型的产业，仅靠自己的力量是难以做到的。即使在一些航空技术比较发达的国家，也往往走国际合作的道路。当时我国航空工业发展的状况、世界经济竞争的格局和解决我国航空工业自己制造干线飞机等这些难题的迫切需要，客观上也促使中国在干线飞机研制方面寻求国际合作。

1975年麦道公司就提出了关于与中国合作生产MD-80飞机协议的第一份计划书。随着20世纪70年代末中美关系解冻后，麦道公司对中国市场的重视程度逐渐提高。当时的道格拉斯总裁和高级副总裁率领的代表团多次访问中国，他们意识到了中国航空市场的巨大潜力。中美正式建交之后，麦道公司于1979年向中国发出讨论这一项目的邀请。1979年4月，我方由航空部组织，上海市航办、上飞厂等派出代表团赴麦道公司考察。同年9月，航空工业部会同上海市和民航局联合向国务院提出报告，引进生产DC-9-80飞机。同年10月，部属中国航空技术进出口公司与麦道公司签署了《关于商用运输飞机共同合作生产的原则协议》。

　　1982年底，上海市政府向国务院呈送《上海市人民政府关于向国外购买飞机进行技术合作发展航空工业的请示报告》。1983年3月，上海市政府再次递交了《关于上海市与美国道格拉斯飞机公司技术合作项目建议书的报告》。同年8月，国家计委也向国务院提出请示报告，建议国务院批准项目建议书。国务院在当月发出《国务院关于上海市与美国道格拉斯飞机公司技术合作项目建议书的批复》，原则上同意国家计委意见。

　　1985年3月，中美正式签署《合作生产MD-82及其派生型飞机、联合研制先进技术支线飞机和补偿贸易总协议》及5个分协议。协议涉及五方面的内容：关于25架MD-82飞机的装配、生产许可证和技术转让；15架飞机的意向订单；共同研制下一代商用飞机；进行补偿和反向贸易以减少中国的外汇支出，其补偿额度为30%；转让管理系统、规程以及培训中方管理人员。协议确定由麦道公司提供总数为 25 架的 MD-82 飞机的机头、机身尾部、半机翼等大部件和机身零部件，由上航公司按照麦道公司提供的图纸、工艺标准进行机身铆装、半机翼对接、机身机翼对接、全机系统安装、功能试验和试飞交付，并生产一定数量的飞机组件、部件，作为补偿贸易返销和装机使用等。

MD-82 飞机是 MD-80 系列飞机中的一种，原称"DC-9 超 80"，是道格拉斯飞机公司生产的 DC-9 系列飞机的最新发展型。该飞机采用 20 世纪 70 年代的最新气动设计、结构材料以及发动机节能和电子设备等方面的先进技术。在 1980 年投入航线使用后，以事故率低、出勤率高、噪声小等显著特点成为世界上销路最广的机种之一。根据协议，麦道公司将向上航公司转让先进技术，以优惠条件向中国提供技术资料，培训人员，并派美方专家到现场协助指导，同时移植先进管理项目。此协议是中美建交以来规模最大、时间最长、耗资最多的技术合作协议。

在这次重要的"合作"中，最为敏感的就是技术转让与技术培训的问题。据时任麦道公司策略计划与业务发展总经理庄博润先生回忆："技术转让开始时，有超过 8 万页的飞机蓝图及文件，从美国空运到中国，只得派专家翻译、消化图纸。交换的文件有 7 吨以上，约有 300 名上海航空工业公司的人员远赴美国长滩培训，进行了 85 000 小时以上的技术培训。100 多名道格拉斯的人员驻留中国，帮助组装线的启动。从这些数字中，可见合作工程之浩繁。"

据《上飞六十年》记载，MD-82飞机的整个合作生产过程虽然充满困难，但在党中央、国务院的关注和扶助下，首架MD-82飞机于1987年7月2日成功试飞，并于7月26日获得了FAA颁发的适航证。首架中美合作生产的MD-82飞机交付后，即投入营运，飞行情况良好，受到客户的好评。同年，第2、第3、第4、第5架飞机也在二车间铆接厂房陆续开工。年底，第2架飞机交付民航上海管理局使用。1991年9月28日，25架MD-82飞机全部如期分别交付给了中国北方航空公司和中国东方航空公司，投入运营且全部情况正常。

鉴于合作生产的25架MD-82飞机计划于1991年9月全部完成，为了不使生产线停顿，1989年1月11日，在中美联合执行管理委员会第33次会议上，讨论了合作生产25架飞机之后再延伸20架的事项，并确定派人去北京与中国航空技术进出口公司（以下简称"中航技"）商谈此事。同年12月1日，后10架飞机以中航技公司为主与麦道公司谈判达成协议。其中5架仍为MD-82飞机，并继续在国内销售；另外5架则为在机身内增装油箱以增大航程的MD-83飞机并返销美国。该协议经国家对外经济贸易部批准，并于1990年3月23日正式生效。第26架飞机在1991年3月20日开铆，至1994年10月，第35架飞机制造完工。

1992年7月6日，首架MD-83飞机飞上蓝天，试飞一次成功，受到美国飞行员的高度赞扬。MD-83飞机是

MD-82飞机的改型，在结构上增加了前后辅助油箱，其动力、燃油、电子、电气和高空系统都相应做了大量更改，仅技术规范更改通知单上的更改项目就有68项，中国方面全部保质保量地完成制造任务并如期返销美国。

与麦道合作生产 MD-90

麦道公司于1989年11月推出MD-90计划。为确保其成功，公司员工已耗费300万工时。飞机于1993年初首飞，于1994年11月获得FAA的适航证。1995年3月24日，麦道公司向美国的三角航空公司交付了两架新型的MD-90民用喷气客机，在该公司位于美国加利福尼亚州长滩的工厂举行了交付仪式。

MD-90是麦道公司长期生产的双发喷气客机系列的一种机型，是为满足旅行者和航空公司在20世纪90年代以及进入21世纪的更高需求所设计的中型、中程客机。同MD-82/83相比，MD-90换装了经济性更好、噪声更小的V2500发动机，驾驶舱仪表和系统设备也有较大改进。它是蓝天中噪声最小的大型客机。MD-90全长46.5米，翼长32.87米，机身的货运容积为36.8立方米，远程巡航速度约为812千米/小时。MD-90起飞推力为25 000磅（11.3吨），满载乘客在885千米标准航段营运时，所需跑道长度仅为1 524米。MD-90飞机采用了许多高成本效益技术的设计，在技术上和经济上都具有竞争性。它具有先进的驾驶舱，舱内包括电子飞行仪表系统（EFIS）、飞行管理系统（FMS）、先进的惯性基准系统和发动机，以及系统监控用的发光二极管点矩阵显示器。

中美合作生产MD-90项目，对外由中航技与美国麦道公司签订合同；对内由中航总组织上海航空工业（集团）公司（上航集团）、西安飞机工业（集团）有限责任公司（西飞）、沈阳飞机工业（集团）有限公司（沈飞）、成都飞机工业（集团）有限责任公司（成飞）四大企业合作，共同完成。参与干线飞机项目的共有三国八方：美国、加拿大、中国；上航上飞、西飞、沈飞、成飞、中航总、中航技、美国联邦航空管理局、中国民用航空局。1992年3月，中航技和麦道公司签署了3架MD-82飞机、17架MD-82四轮飞机、20架MD-90-30四轮主起落架干线飞机项目合同；于1994年11月签署第一号修订单，由民航直接购买20架MD-90飞机，合作生产20架MD-90-30飞机。

国内制造分工如下：成飞制造机头、登机门、服务门、登机梯等；西飞制造前机身、中后机身下部、中后机身上部框和壁板、翼尖、内外襟翼、翼盒、机翼固定前缘等；沈飞制造尾段、电源中心、无线电架、全机电缆等；上航上飞进行平尾和缝翼制造、中后机身上部铆接及上下部对接、机翼装配、全机对接、总装调试、功能试验、试飞交付。上航上飞作为总制造商，负责供应商质量控制、技术资料的发放及跟踪、工装工艺协调、飞机完整性保证、跟踪协调各厂的进度、与适航当局及客户联络等工作。

1997 年 7 月，波音公司兼并麦道公司。同年 8 月，波音公司宣布：至 1999 年关闭麦道公司的供应商，MD-11 飞机和 MD-90 飞机生产线停止生产。1998 年 6 月 17 日，国务院总理办公会决定 MD-90-30 飞机生产线与波音公司同步停产，中国与麦道的合作不可避免地无疾而终。根据中美双方专家组的评估意见，确定于 1999 年底前交付 2 架 MD-90-30 飞机。

MD-90 项目与 MD-82 项目有很大区别，高粱在《以 MD-90 干线飞机项目为例谈中国民航工业的现状及其问题》中认为主要体现在三个方面。第一，过去组装是由上飞厂一家单位独自完成，而 MD-90 项目现在是由中航总组织上航、西飞、沈飞、成飞四家企业共同承担，这也是中国航空工业第一次实施国际通行的"主制造商-供应商"模式。第二，工作量差了一个数量级。对于 MD-82 飞机，中方加工的零件数只有 2 000 多项，而 MD-90 机体国产化率达到 70%，中方生产的零件数有 4 万多项。中方四厂不仅要完成麦道自身应完成的大部分工作，而且要承担许多供应商所担负的工作。第三，主要责任在中方。MD-80 是由麦道公司提供零部件和配套件，按照麦道提供的工艺文件，在麦道的质量控制下组装的。而对于 MD-90 飞机，美方只提供图纸和原材料（包括铸件毛坯），中方负责从零件制造到总装试飞的全部工作，并在质量控制和适航保证方面承担主要责任，这里需要强调的是发动机、机载设备及部分系统相关件由美方提供。

1999 年 1 月 20 日，首架 MD-90-30 干线飞机完成气密试验，提交 FAA 生产检验委任代表检查获得通过，飞机进入全机总装阶段。10 月 3 日，首架 MD-90-30 干线飞机由美国飞行员驾驶，在上海大场机场进行首次飞行，首飞成功，11 月取得 FAA 颁发的适航证。2000 年 2 月 24 日，MD-90-30 02 架干线飞机在上海大场机场生产试飞成功，3 月 7 日获得该机的国际适航证。该项目充分显示了中国在干线飞机的制造和总装技术方面已获得巨大的进步，达到了 20 世纪 90 年代的国际水平，并具备了小批量生产的能力，尤其验证了上航作为干线飞机主制造商的系统管理能力和总装能力。具备干线飞机的制造和总装能力，真正能够体现国家航空工业总体水平，也是世界上许多国家梦寐以求的愿望。

与麦道合作的收获

通过与麦道的合作，中国方面最大的收获在于从中学习引进了一套国外科学、先进、有效的企业管理办法。根据《上飞六十年》一书记载，中方的收获主要可以概括为如下几点：

（1）建立了国内首个民机合作生产模式和经 FAA/AAD 批准的质量保证控制体系。组织机构内设置质量保证管理、质量保证工程（由质量保证计划、工艺控制、纠正措施、质量软件控制组成）、质量保证材料、质量检验、质量审计等职能，并具有一整套质量保证控制系统的文件。具有十大质量保证控制系统：产品构型及技术资料状态控制、飞机质量架次记录控制、人员资格认证和印章控制、工量具设备检定控制、采购及供应商控制、制造过程控制、特种工艺控制、接收检验与储存控制、不合格品控制和纠正措施、试飞检验和适航性保证。

（2）首次在国内开发了干线飞机异地生产需用图纸和技术资料的接收、分发和更改、跟踪管理系统，确保生产需用的图纸和技术资料始终保持最新和有效。

（3）掌握了先进的飞机构型管理技术，使得飞机在生产运行过程中始终能不断地满足工程更改，使反映不同客户要求的产品设计能够得到落实，并能保持正常生产。

（4）建立了一套科学、系统和严密的管理指令系统，从而对项目生产经营活动的全过程实行了"法"治。

（5）引进了"主制造商－供应商"模式，建立供应商管理控制系统，为国内民机合作生产走向市场经济管理探索出一条道路。

（6）在国内民机生产过程中，最先推行了项目管理，初步探索出一套适合中国国情的项目管理模式。

通过合作生产，在管理工作和其他方面也取得了重要收获：

（1）熟悉、掌握了大型客机总装生产的先进技术，其中包括大容积（300立方米）气密试验、液密铆接、机载设备地面安装测试、大型复杂零件编程加工、镜面蒙皮拉伸成形、燃油导管机内焊接等尖端工艺和操作技艺。

（2）发展了航空产品的补偿贸易。为 MD-82 飞机配套的部件有主起落架舱门、前起落架舱门、货舱门、后服务门及门框、电子舱口盖、内襟翼滑轨支架和水平安定面等。

（3）成功地引进了麦道公司的先进管理经验，取得了飞机总装和零部件制造两个生产许可证认可证书，企业在飞机生产系统方面的管理达到了国内一流水平，具备高科技领域发展外向型经济的能力和条件。

（4）经过实战培养了一支能够适应国际技术合作的员工队伍，这支队伍将在国内民用飞机的设计、制造、试飞、售后服务等方面发挥骨干作用。

（5）增强了企业的能力，基本上建成了以飞机总装、全机试验、生产性试飞交付和飞机零部件转包生产为核心的民用航空工业骨干企业。

在与麦道公司合作的过程中所形成的企业文化，不但弘扬了大飞机创业精神，而且充分发挥了员工们的积极性和创造性，培养了一大批懂技术、爱岗敬业的优秀员工。譬如在麦道公司开展的评选中国最佳员工活动中，时任部装铆接车间 511 工位的工长马赛和总装车间总装配工位的检验员姚金福凭借在工作中的突出表现，成为 15 名最佳员工中的优胜者，获得可携带家眷去美国参观旅游的机会。马赛自 1986 年 4 月 1 日第 1 架 MD-82 飞机开铆以来一直从事机翼的铆接工作，他每次都最快完成，而且质量一流。据统计，在 1989 年前他已完成的 13 架飞机的机翼铆接工作中，从未办理过一份故障单（FRR）。美国专家对他如此评价："他干活比美国人好，质量绝对可靠。"

此外，通过 MD-90 项目的实践，我国航空工业民机制造实现了三个第一：第一次实现民机完整项目的国际合作，以机体国产化率达 70% 的比例，生产出具有 20 世纪 90 年代水平的 150 座级干线飞机；第一次成功地实施了国际流行的"主制造商-供应商"模式；第一次在行业范围内建立了与国际接轨的项目管理、供应商管理、质量管理和适航管理体系。

与麦道项目的成功合作，使上海成为我国民用航空工业基地，我国的航空工业也获得了整体性的进步，在航空技术和管理上缩短了与世界航空工业先进水平的距离。

第 4 章

大国之志:
21 世纪的中国大飞机战略

一方面，大飞机作为高科技产品，拥有极高的技术集成度，目前世界上能够承担研发风险、定型生产民用大型客机并投入稳定运行的国家屈指可数；另一方面，大飞机作为商品，还需要得到来自民用航空局、航空公司、飞行员、乘客等多方面的认可，才能取得商业上的真正成功。在当前大国之间白热化的高科技竞争态势下，21世纪的中国大飞机正以历史上最坚定的决心和最大的投入，为实现"让中国的大飞机翱翔蓝天"的夙愿奋力拼搏。

4.1

明晰定位：
不可缺位的工业皇冠

　　"大型飞机"被列为《国家中长期科学和技术发展规划纲要（2006—2020年）》中的16个重大专项之一。当时，全球只有美国、俄罗斯和欧盟有能力研制大飞机，大飞机是名副其实的"顶端产品"。在世界百年未有之大变局加速演进的时代背景下，大国竞争日益激烈，让我们越来越看清自力更生，开展原创性研发的时空紧迫性和极端重要性。

　　大型民用客机被称为"现代工业的皇冠"，其技术最复杂，质量要求最高，牵动的经济利益也最大，足以用来衡量一个国家的技术能力和综合国力。在当前各个国家的竞争关系中，能够深层次决定一个国家生产力的"硬核实力"就是技术能力，即能够有效运用技术知识的能力。发展大飞机，无疑是迅速集聚人才、提升技术能力最直接也最重要的领域之一。

　　习近平总书记于2014年5月23日亲临中国商用飞机

有限责任公司（简称"中国商飞"）考察并发表重要讲话，为我们为什么要搞自己的大飞机，怎样实现"让中国的大飞机翱翔蓝天"的伟大梦想指明了方向，可谓一锤定音，将一段时间以来大家的困惑和迟疑彻底扫除，也为后续可能遇到的风浪险阻设下了稳定器和推进器。

强国之志，标定产业硬实力

习近平总书记说，我们搞大飞机，和我们"两个一百年"的目标、实现中国梦的目标是一致的。这一席话道出了几代中国民航人的梦想和全中国老百姓的热切期盼。

大飞机项目如能全面取得预期成功，则会极大地振兴中国的航空工业及一系列与其上下游相关的产业，会在包括制造业、服务业在内的相关领域创造出大量具有竞争力的工作岗位，就会在国际经贸市场上享有更大的话语权。这种商业成功立足于技术能力，更高于技术能力，是一项极其复杂的系统工程，还包含政治、经济、环境、公共卫生等许多非传统技术因素在内。在我国，中国商飞围绕 C919 项目，已培育和建立起各具优势的产业集群，全国 20 多个省市，1 000 多家企事业单位，近 30 万人参与了大飞机研制工作。继中国高铁之后，C919 项目再次带动了我国高端装备制造业的产业升级，上述生产制造还不包括后续运行、维保、升级改造等环节，产值和效益就已经相当之可观了。如果说"运十"在当时的时代背景下曾经取得过技术成功的话，我们更需要在当下重振雄风，通过掌握大飞机综合技术能力来确保国防安全、科技安全和产业安全。在所有维护国家安全的硬核实力中都存在这样一个逻辑：我可以没有很多但必须要有，我可以不大规模生产但必须能造、会造。中国作为当前世界上唯一具有全谱系制造业布局的国家，理所应当对所有高端技术产品拥有制造权和话语权，标定出我们的技术新高度和产业硬实力。

市场为媒，坚定机不可再失

习近平总书记说："中国是最大的飞机市场，过去有人说造不如买、买不如租，这个逻辑要倒过来，要花更多资金来研发、制造自己的大飞机，形成我们独立自主的能力。"这与习近平总书记治国理政的思想一脉相承，在实现中华民族伟大复兴中国梦的征程上，中国已经不再是单纯提供市场给世界分享的消费引擎，更要成为引领行业科技和产业革命的创新引擎。

这些年，中国的航空工业在国家强劲发展的基础上也已经有了突飞猛进的发展，歼-15、歼-20、轰-6K、武直-10、运-20等一大批先进的军用飞机和大型运输机相继完成试验试飞并列装部队服役，成为一个又一个"国之重器"，技术实力不可谓不强。而民用航空客机与军用飞机最大的不同，就是要适应市场的需求，其中包括客机运行的安全性、经济性、航空公司航线设置的适用性、乘客乘坐的舒适性和体验感。换言之，军用飞机可以不惜成本协助身体素质一流的飞行员完成许多超越人类极限的动作，从而争取空中战场的主动权；而民用飞机则必须以安全和经济作为首要考量，让每一位普通人都适合乘坐。不能为航空公司赢利的民航客机，哪怕技术再先进、性能再优越，也不会得到市场的认可，也就不会有长期的发展，结果只能是昙花一现，或者作为摆在博物馆里的陈列品。一个新机型的成功首飞证明飞机"可飞"，取得适航证证明飞机"能飞"，市场检验则决定飞机是否"好飞"。用一句通俗的话来说，民航客机的成功标准就是"航空公司爱买、飞行员爱飞、乘客爱坐"。

商用飞机制造行业在获取利润的道路上，会遇到一系列令人望而生畏的障碍和风险。然而一旦获胜，其报酬不仅是丰厚的利润，还伴随着全球性的威望和影响。

美国波音公司经过 100 多年的发展，期间又兼并整合了麦道公司等老牌飞机制造商，目前仍然稳坐世界民用航空界的头把交椅。尽管 2019 年波音的 737MAX 系列飞机因连续发生严重事故而被全球民航停飞，仍不可否认其在业内资历最老、道行最深、历史最悠久的事实。从技术发展和市场研判方面来看，百年老店波音始终坚持守正创新，书写着人类民用航空的历史，也不断创造出令世人惊叹的新机型。我们所熟悉的经典款波音 747、畅销款波音 737 和最新款波音 787 都是波音的拳头产品，目前正在试飞阶段的波音 777X 则是波音下一个推向市场的重磅型号。

20 世纪 70 年代初，空客公司在法国成立。空客由欧盟的法国、德国、英国和西班牙四国的宇航公司共同组建，近半个世纪以来，逐步发展成为波音公司的主要竞争对手，波音公司在民用运输机市场的份额不断被空客公司蚕食，双方几乎在全球范围内展开了面对面的订单争夺战。我们现在常见的经典款 A320、A330，最新款 A350 和 A320、A330 的 neo 系列都是空客的主力产品，A380 虽然已宣布全面停产，但依然是创造了单机载客人数世界纪录的明星机型，很长一段时间内还将在全世界的天空中翱翔。

　　如今我们乘坐飞机出门旅行，无论光顾哪家航空公司，最终几乎都是乘坐波音或者空客的飞机。中国自己的民用大飞机想要冲进这个"角斗场"并且生存下来，谈何容易。回到问题的起点，我们发现最重要的底气来自中国庞大的民航市场，中国各大航空公司（运营商）曾经为波音、空客两家贡献了巨额资金来组建和维护现有的机队规模，随着民航运输市场的不断扩容，飞机数量的增加和更新换代也是必然。仅按照当前波音 737 系列和 A320 系列两大主流机型的平均定价，每年中国航企支出的购机或租赁费用就已高达几十亿甚至上百亿美元。一定会有读者问，既然我们有需求、有市场也有预算，为何不赶紧把 C919 买起来、飞起来呢？大家急迫的心情可以理解，但民航的安全性和经济性不能只靠满腔热情换得，还得通过实打实的真本事来证明。虽然在 20 世纪 80 年代我们曾经与大飞机梦失之交臂，但这次我们将义无反顾、笃信前行！

截至 2022 年底，C919 累计获得 32 家客户的 1 035 架订单。随着新冠肺炎疫情影响逐步减弱，民航产业也正在努力复苏，各家航空公司对于飞机更新换代和新增机队规模都有强烈需求，这也给中国大飞机提供了难得的市场机遇。然而，这个窗口期并不会很长，国内的航空公司也不会坐等 C919 取得适航证进入市场。

步步为营，确定三大主型号

当前，中国商飞共有三大产品型号。

ARJ21 飞机从机体尺寸、航程距离、起飞重量等指标上严格来说其实并不属于"大型客机"的范畴，但其对中国民用飞机、对中国商飞、对 C919 而言，都是名副其实的"探路先锋"。当时有国外观察家发表过这样的评价："中国正在凭借 ARJ21 飞机学习如何研制、销售和提供产品支持等一系列现代商用飞机发展的理念与手段。"截至 2023 年 1 月底，中国商飞已向国航、东航、南航、成都航空、天骄航空、江西航空和华夏航空等客户交付 100 架 ARJ21 飞机，累计运营 320 多条航线，通航 110 多座城市，安全运送旅客近 600 万人次，实现了国产民机从安全运营到顺畅运营的重大历史性跨越。

C919 大型客机项目于 2007 年立项，2008 年开始研制。首架机于 2015 年 11 月 2 日总装下线，2017 年 5 月 5 日在上海浦东国际机场成功首飞。2022 年 9 月 29 日，C919 获颁中国民航局型号合格证，首架机于 2022 年底交付，即将投入运营。C919 采用先进气动设计，4 块曲面风挡玻璃和超临界机翼、性能更为优化的局部融合设计，提高了飞机的经济性；C919 驾驶舱采用新一代集成式侧方操纵杆，5 块 15.4 英寸高清显示屏，以及先进的"静暗"设计，为飞行员提供更加简洁、现代的人机交互界面，有效降低飞行员的工作负荷，让飞行员驾驶和操纵更加舒适、安全、省心；C919 拥有 2.25 米的过道高度，中间座椅较两边座椅稍宽的人性化设计以及宽大的机身提供给旅客更多乘坐空间；同时，C919 具有较低的噪声水平和健康清新的空气质量，可为乘客提供更加安静、舒适的客舱环境。

CR929 远程宽体客机是中俄联合研制的双通道民用飞机，基本型航程为 12 000 千米，标准三舱 280 座。CR929 以中国、俄罗斯市场为首要目标市场，以亚太地区为重要市场，同时兼顾其他国外市场，逐步满足全球航空客运市场的需求。目前，CR929 已基本确定总体技术方案，正在开展初步设计工作。

4.2

重起炉灶：
闭门造机还是开放办事

"让中国的大飞机翱翔蓝天"，这个体现着国家意志的愿望，跨越了中国航空工业发展的漫长历程，将历史带入了一个崭新的时代——一个航空工业向产业化发展的新时代！然而想一想，在实现这个跨越之前，中国商用飞机发展的路线图还仅仅是徘徊在人们大脑里的一个极不确切的概念、一个又一个在概念阶段就下马了的项目、地面上一堆又一堆的部件和档案室里一摞又一摞标有"秘密"字样的纸片而已。"运十"下马丢掉的不只是一个产品，而是技术能力赖以发展的开发平台。为了在新的时代背景下重建这一开发平台，挑战远大于机遇，难度更胜当年。

自力更生，不指望不依赖

习近平总书记在 2018 年召开的中国科学院第十九次院士大会、中国工程院第十四次院士大会上讲过："实践反复告诉我们，关键核心技术是要不来、买不来、讨不来的。只有把关键核心技术掌握在自己手中，才能从根本上保障国家经济安全、国防安全和其他安全。"在 2021 年 5 月 28 日召开的中国科学院第二十次院士大会、中国工程院第十五次院士大会、中国科协第十次全国代表大会上，习近平总书记发表重要讲话，再次强调："科技创新成为国际战略博弈的主要战场，围绕科技制高点的竞争空前激烈。我们必须保持强烈的忧患意识，做好充分的思想准备和工作准备。"

在国际民用航空配套领域，相关材料制造商都是国际知名的材料研发制造企业。这些企业大都具有悠久的民用航空配套历史，树立了良好的品牌，掌握着材料的关键制造工艺和技术。宝武钢铁作为我国重要的钢铁企业，同时也是中国商飞公司的股东之一，其在 C919 项目中也扮演了重要的角色。制造起落架的材料是 C919 项目所需的关键材料之一。由于商用飞机起降频繁，对飞机起落架所用材料的抗冲击性、抗疲劳强度、韧塑性等都有很苛刻的要求。宝武钢铁在 C919 项目中承担了飞机起落架用高强钢的研制任务。为此，公司在 2011 年 8 月成立了民用航空材料领导小组及工作小组，下设产品与技术、合格供应商认证、商务贸易与服务三大团队，全面推进各项工作任务。通过技术攻关，宝武钢铁成功研制出 C919 起落架所需要的大型钛合金棒材和等温锻件。在 C919 项目的带动下，我国航空材料研制实现了重大飞跃。

在复合材料使用方面，中国商飞通过与高校开展合作，开辟了一条产学研相结合的道路。例如，大连理工大学运载工程与力学学部承担了 C919 飞机尾翼、中央复合材料壁板等多个部位的试验项目。针对 C919 飞机对于大型复合材料构件试验的需求，大连理工大学进行了大吨位大尺寸加载系统、承力系统和电测系统建设，开展材料级、结构级、部件级的三级大飞机复合材料结构破坏机理研究，开发数值分析模型和软件，指导、校正实际试验，形成飞机典型复合材料结构破坏行为数据库。为保证从复合材料壁板各环节处获得准确的试验数据，及时处理意外情况，研发团队在飞机壁板上使用复合材料后特别需要注意的部位贴上了大量应变片，实时采集相关数据。通常情况下，一块大型壁板就需要 300～400 个通道数据。在 C919 项目中，大连理工大学研发团队共测试了 60 多块壁板，大量的试验数据保证了 C919 飞机所用材料的可靠性。

全球集成，如何体现中国造

作为航空工业皇冠的大型民航客机，其综合性能越好就意味着技术复杂性越高、系统集成度越高，也就越不可能由一家企业独立完成所有的设计制造环节。目前飞机制造商普遍采取零部件外包的全球供应链制造模式。解剖波音 787 客机的生产链，首先要铺开一张世界地图。这个被称为"梦想飞机"（Dreamliner）的最新机型的供应商分布在全球 135 个角落。2020 年 6 月 2 日，空客公司公布了最新的民航客机领域"认证供应商名单"，共计 4 500 家企业上榜。我国的

C919 项目也采用国际通行的"主制造商－供应商"模式，以全球招标的形式引进产业链顶尖供应商，其中有国内的航空制造企业和民企，也有海外各领域的顶尖供应商，核心目标就是提升 C919 飞机的整体性能，不留短板。然而，在中国商飞公布 C919 各系统供应商名单后，却引发了关于"C919 到底还算不算国产大飞机"的热烈讨论，其背后体现了对中国大飞机战略的不同理解程度和不同角度。

首先是技术实现的需要。中国商飞作为主制造商，掌握 C919 的自主知识产权，从设计环节开始就以"甲方"的身份来面对国内外供应商。其中的逻辑是中国商飞根据 C919 的性能指标提出各系统的设计要求，由全球供应商拿着自己的实现方案来投标，中国商飞从中挑选合适的合作伙伴。这是一个优中选优、各展所长的竞技场，而不是人家现有什么零部件产品，我们就直接买过来自己拼装那么简单。

其次是适航取证的需要。这也算是"运十"项目留下的重要教训之一。如果单纯从产地来算，"运十"的国产化率确实远高于 C919，但因为是闭门造车，"运十"取得国际适航证的概率也远低于 C919。尽管时代不同，但教训依然是深刻的。如今选择多家欧美供应商来提供系统解决方案，也是依托其在国际适航取证体系中的长期经验积累，能够为 C919 的国际适航取证扫除一些基本的障碍和技术壁垒，更加高效地取得主流国际适航认证，进一步拓展使用范围和全球市场。

最后是企业双赢的需要。国内外供应商之所以积极响应中国大飞机的项目，展示合作的诚意，既是出于对中国发展的信心，也想在如此重大的项目中借力实现更多的技术和市场突破，进一步提升自身的技术硬实力和影响软实力，当然也要共担风险，真正成为亲密战友。2017年5月5日，在C919的首飞现场，国外供应商代表与中国的科研、制造人员一样激动和振奋，他们同样为参与其中深感荣耀!

求贤若渴，储备战略人才

自力更生并不等同于闭门造车，尤其是在设计和制造将来要走向世界的大飞机产品时，必须要有开阔的视野和胸襟。习近平总书记说："不拒众流，方为江海。当今世界，经济全球化、信息社会化所带来的商品流、信息流、技术流、人才流、文化流，如长江之水，挡也挡不住。一个国家对外开放，必须首先推进人的对外开放，特别是人才的对外开放。如果人思想禁锢、心胸封闭，那就不可能有真正的对外开放。因此，对外开放要着眼于人、着力于人，推动人们在眼界上、思想上、知识上、技术上走向开放，通过学习和应用世界先进知识和技术，进而不断把整个对外开放提高到新的水平。"

从中国老一辈革命家开始，就身体力行远赴海外学习先进的理论、经验和技术，经过适应性地改造为我所用。今天，我们依然在各行各业向成功的企业满怀诚意地学、求知若渴地看、绞尽脑汁地想，该交的学费就交，该引进的人才就引进，该让步双赢的就让步。在中国大飞机的发展实践中亦是如此。

如今的中国商飞不仅有中国工程院院士等一大批顶尖科学家，还有一支专属于自己的试飞员和试飞工程师队伍，这也是对标波音和空客建立起来的未来战略人才库。我们在关于 C919 首飞的新闻报道中见到的首飞机组全部都是他们之中的成员。中国商飞公司采取的是"主制造商–供应商"模式，飞机机体部件和系统等都可以通过全球采购得到，能充分利用全球最好的资源。但从飞机研制角度来讲，试飞这个环节是产品测试改进和获取适航认证的关键阶段，交给其他机构来做并不是最优的选择，而要建立中国商飞自己的试飞队伍，需要极大的勇气和投入。在 ARJ21 飞机项目中，试飞的主要力量是地处陕西阎良的中国飞行试验研究院（简称"试飞院"）。然而，试飞院自身也已经承担了航空工业旗下所有飞行器的试飞验证工作，能够投入商用飞机试飞的经验和精力都无法完全满足实际需要。着眼未来，中国商飞决定组建自己的试飞员和试飞工程师队伍。

试飞员是一个特殊的群体，时常游走在生死边缘，有"刀尖上的舞者"之称，于蓝天之际的生命挑战和冒险是生活的常态。因此，他们的选拔和培训要求极其严苛。ARJ21 支线飞机和 C919 大型客机都要完成数百个试飞科目。所有边界科目都需要试飞员操作完成，许多都是高难度的飞行任务，对试飞员的技术要求极高。中国商飞招聘的飞行员，大多都是国内知名航空公司的机长、教员等，飞行技术高，经验丰富。但"飞行"与"试飞"，一字之差，却是两个完全不同的领域。即便是飞行老手，也要经过培训，并且要经过一个很长的试飞过程才能培养成优秀的试飞员。国际先进飞机制造商通常以试飞员和试飞工程师联合工作的模式进行试飞，其中试飞工程师的作用尤为重要，负责编制试飞大纲、登机参与试飞工作、指导怎么飞才能满足试验飞行的条件，因此也被称为试飞的"导演"。目前，中国商飞已有数十位试飞员和试飞工程师赴美国或南非试飞员学校培训，考证归来，为 ARJ21 和 C919 的试验试飞做出了不可替代的重要贡献。

4.3

强强联合:
中国商飞应运而生

尽管上文中已经多次提到"中国商飞",但其并不是中国大飞机的原始起点。2008年5月11日,中国商用飞机有限责任公司在上海挂牌成立,那时距离ARJ21飞机首飞的日子(2008年11月28日)仅有半年时间。由此不难推测,ARJ21飞机的立项、设计、制造都远早于中国商飞的成立。实际上,ARJ21飞机项目早在2002年4月就已正式立项,2002年9月成立了中航商用飞机有限公司,负责运作ARJ21飞机项目。起初该机型由中航商用飞机有限公司工程部总体设计,2003年转至中国一航第一飞机设计研究院负责初步设计和详细设计工作。2007年12月21日,ARJ21飞机在上海飞机制造厂总装下线。因此,我们从一些资料照片上看到,最早下线的ARJ21试飞机的机身上会有"中航商用飞机有限公司"的字样。

2006 年 2 月 9 日，《国家中长期科学和技术发展规划纲要（2006—2020 年）》正式颁布后，中国大型飞机项目研制也正式启动。到 2007 年初大型飞机研制重大科技专项正式立项，同时启动组建大型客机股份公司的工作。2008 年 3 月 13 日，国务院正式批准成立中国商用飞机有限责任公司，明确了中国商飞是实施国家大型飞机重大专项中大型客机项目的主体，也是统筹干线飞机和支线飞机发展、实现我国民用飞机产业化的主要载体。至此，中国的大飞机项目第一次有了明确的实施主体。

2008 年 5 月 11 日，中国商飞正式挂牌成立，承担起研制中国民用大型客机的重任。与此同时，承担 ARJ21 飞机项目的中航商用飞机有限公司划归新成立的中国商飞所属。面对相对涣散薄弱的中国民机科研和基础条件，对中国商飞而言，既是难得的机遇，也是巨大的挑战。

当前，中国商飞下辖设计研发中心（上海飞机设计研究院）、总装制造中心（上海飞机制造有限公司）、客户服务中心（上海飞机客户服务有限公司）、北京研究中心（北京民用飞机技术研究中心）、民用飞机试飞中心、基础能力中心（上海航空工业（集团）有限公司）、营销中心、新闻中心（上海《大飞机》杂志社有限公司）、商飞学苑（商飞党校）以及四川公司、美国有限公司、中国商飞民用飞机试飞中心东营基地、商飞资本有限公司、商飞集财务有限责任公司等成员单位。其中，设计研发中心、总装制造中心和基础能力中心都是从原有的航空工业体系中改制而来的。设计研发中心的实体是上海飞机设计研究院（原上海飞机设计研究所），总装制造中心的实体是上海飞机制造有限公司（原上海飞机制造厂），基础能力中心的实体是上海航空工业（集团）有限公司。上海飞机设计研究所和上海飞机制造厂都实质性参与过"运十"的设计制造、麦道组装的历史阶段，老员工们对那段往事都感慨万千。2008年中国商飞成立后即启动了对这两家航空老单位的改制进程，当时的人才流失和经营状况已经到了"凄惨"的地步，单位的主要业务已经变成脱排油烟机、电冰箱、汽车零配件的设计生产，老骨干陆续离开，年轻人不愿加入。是中国大飞机战略带来了新生，经过中国商飞的整合改制，两家单位的面貌焕然一新，人才队伍逐渐重振雄风，员工们的愿景也从解困生存提升到了国家梦想。之后，中国商飞逐渐建立起完整的设计、制造、试验试飞、适航取证和运营支持能力，矢志建设国际一流航空企业。越来越多的青年人才志愿加入这家由国家梦想和民族未来引领的航空企业。

为什么是上海？

中国商飞作为总部设在北京之外的央企，经营内容又不像南方电网那么有明显的地域特征，因此备受关注。人们不禁要问：为什么是上海？要知道航空工业体系内的大部分知名航空研发和制造单位都在中西部地区，航空工业的总部则设在北京。在上海地区布局航空企事业单位，现在看来主要原因至少有以下四个方面：

一是上海具备民机制造的工业基础。中国民机发展历史上极为重要的"运十"飞机就是在上海总装下线的，之后与麦道公司合作设计生产 MD-82、MD-90 飞机，留下了比较成熟的工作场所和平台，也培养了一批与飞机制造相关的产业工人。上海发达的交通运输枢纽地位，使来自世界各地的零部件能够顺畅到达总装厂，降低了物流的时间和经济成本。

二是上海具有更强的人才集聚优势。民用大飞机想要快速发展，必须要在短时间内集聚一批成熟人才、培育带动一批潜力骨干、吸引大批有志青年。上海在中国的地理区位和经济发达程度对引才无疑具有天然的优势，对加强与地方政府、科研院校和上下游企业的合作具有更加便捷的途径和更加广阔的平台。

三是上海更适合于拓展国际市场。上海良好的对外经贸政策和营商、人居环境，能够促进国际合作伙伴的落地，无论是供应商还是客户代表，都可以通过设立合资企业或办事处来加深与中国商飞的互动，从而更好地凝聚起推动大飞机战略的强大合力。

四是上海具备优质的民用航空运输条件。上海是国内第一个拥有两座国际机场的特大型城市，年旅客和货物吞吐量长期位居全国第一。民航运输和服务业的成熟度相对较高，软硬件设施条件也相对较好。这能够为国产大飞机的交付运行提供一个更好的基础环境，也成为向世界展示中国大飞机的高端平台。

与此同时，中国商飞位于上海但不限于上海。全国各地特别是中西部地区传统的航空强企也为中国商飞提供了大量智力和产品支持；中国商飞也积极地拓展地方合作，落地了一大批与航空产业相关的项目，包括在取证试飞阶段还要进一步发挥各地机场自然气象条件和空域条件的特色，全国一盘棋助力适航取证和交付运行。

4.4
未来发展：
与航空强国协同创新

　　任何领域，后来者想要居上，不仅要以实力取胜，更要能够以德服人。面对强劲的先行者，我们唯有虚心学习、真诚合作、下足苦工，方才有生存和发展的机会和空间。

龙熊共舞，与俄罗斯的密切合作

　　如上文所述，CR929 宽体客机项目的主制造商是中俄合资的中俄国际商用飞机有限责任公司（CRAIC）。中国选择与俄罗斯联合研制大型宽体客机的主要原因，是俄罗斯有过研发大型宽体客机的经验，具有比较丰富的飞机总体设计、机身结构和气动设计经验。俄罗斯研发大型喷气式客机的历史要追溯到苏联时期，伊尔-86 是世界上第二架（仅次于波音 747）四发动机宽体客机，也是苏联的最后几架超级客机之一。伊尔-86 安装的是 1960 年代的发动机，花费 10 年时间才投入使用，共建造了 107 架，其中有 3 架出口到中国。该飞机安全性较高，在速度和载重方面创造了 18 项世界纪录，其中 12 项至今仍未被打破。俄方继承了苏联扎实、庞大的航空工业体系以及技术人员，拥有完善和前沿的航空技术；而我国有足够的经济实力为 CR929 搭载强大的生产平台，成熟的电子工业还有市场支持，也是双方合作的重要基础。尽管 CR929 的研发进度受到各种因素影响而有所调整，但总的方向和趋势没有变，中方坚定打造宽体客机的梦想和实践也不会中断。

着眼未来，相比于直接的产品合作，我们更需要培养航空领域的后备人才。在行业需求的驱动下，上海交通大学（简称"上海交大"）航空航天学院与俄罗斯莫斯科航空学院（简称"莫航"）联合，于 2017 年合作建立了硕士联合培养项目，旨在面向国家重点行业需求，利用上海交大浓厚的科学研究氛围和莫航丰富的工程技术实践课程，探索培养具有家国情怀和国际视野的复合型航空工程人才，解决专业型研究生人才培养的核心问题：加强专业型研究生培养过程中与行业的耦合；建立面向专业型研究生培养的课程体系；打造服务国家战略的"双边"国际化办学模式。

中欧合作，空客在中国

截至 2018 年末，中国现役空客民用飞机数量已超过 1 700 架，向中国交付的飞机总数占空客交付总数的近四分之一。空客民用飞机在中国包括位于各地的合资公司在内共有超过 1 900 名员工。其中，有许多员工在位于中国天津的 A320 系列飞机总装线工作。这条总装线于 2008 年启用，是由天津自由贸易试验区及中国航空工业集团公司（AVIC）共同投资的合资项目。

2017 年，全新的 A330 飞机完成和交付中心在中国天津启用。该中心与 A320 系列飞机亚洲总装线和空客天津交付中心位于同一园区内，是空客在欧洲以外的首个宽体飞机完成和交付中心，负责 A330 飞机的客舱安装、喷漆、飞行测试、客户验收和交付等工作。

空客不仅与中国开展诸多大飞机项目的合作，也更看好中国未来的通用航空市场。中国近期的改革将有助于在未来实现低空空域开放，由民航部门进行飞行管制工作。2017 年末，全中国运营的民用直升机仅有 900 多架，这意味着巨大的增长潜力。空客已做好准备，帮助中国成为世界上最大的直升机市场。

百年老店，与波音携手并进

中国与波音的合作关系源远流长。1916 年，波音聘请的第一位工程师王助来自中国，他帮助设计了波音首款获得商业成功的飞机——C 型双翼机。王助先生后来返回中国，为中国航空业的早期发展发挥了重要作用。1972 年，美国前总统尼克松历史性的访华将波音飞机引入了中国市场。如今，在中国运营的所有民用喷气飞机中，超过 50%是波音飞机。中国参与了所有波音在产机型的制造，包括波音 737、波音 747、波音 767、波音 777 和波音 787 "梦想飞机"。目前超过 10 000 架飞行在世界各地的波音飞机上使用了中国制造的零部件和组件。波音在中国的业务每年对中国经济的直接支持超过 10 亿美元，具体形式包括对多家供应商的采购、合资企业收入、运营活动、培训以及研发投资。

位于浙江舟山的波音 737 完工和交付中心由中国商飞和波音共同设立，面向中国客户开展波音 737 飞机的内饰完工、喷漆和交付工作，已于 2018 年 12 月交付首架飞机。这家合资公司将显著拓展波音与中国航空工业的合作，同时支持波音位于华盛顿州伦顿的波音 737 总装线的未来产能提升。

冷静思考，坚守永不放弃

21 世纪初，成为国家意志和民族期望的中国大飞机迎来了从未有过的曙光，安全运行的 ARJ21 飞机和取得型号合格证的 C919 飞机，都给人们注入了满心期待。然而，身处百年未有之大变局中，中华民族伟大复兴的中国梦依然需要每一个华夏儿女不懈奋斗。我们从既有的经历和经验中不难看出，研制一款符合国际标准的民用飞机，不会是一帆风顺的，也不可能一蹴而就。当前，中俄的战略互信还有待继续加深，空客、波音在中国的合资合作也仅限于非核心技术的组装、喷漆等后端业务，与航空强国、强企的合作也必然会有意想不到的挑战甚至重大的挫折考验。为了让"中国的大飞机翱翔蓝天"，有太多的人付出了宝贵的青春甚至生命，有太多的曲折故事让人感慨和回味，也必然会有更多的振奋和激动时刻等待着我们去经历。

在中国商飞总装制造中心有两处参观者必到之处，一是"永不放弃"纪念雕塑和"运十"飞机样机，二是厂房内醒目的"四个长期"字幅。这其中深刻蕴含着中国大飞机的过去、现在和未来。

"永不放弃"纪念雕塑和"运十"飞机样机是从上海飞机制造厂原址所在的大场基地搬迁到浦东基地的，一同"搬家"过来的还有一架由上海飞机制造厂于1992年组装交付、2008年退役的MD-82客机。这样不辞辛苦地拆卸、跨越整个上海市区运输、落地浦东后重新组装，为的就是让所有人铭记这段历史，体会"永不放弃"四个字背后的国家使命和民族荣耀，时刻保持紧张和警惕，坚守初心、砥砺奋斗！"永不放弃"精神使中国民机人逐步实现了我国喷气式商用飞机从无到有的历史性跨越，取得了在我国民用航空工业发展史上具有重要里程碑意义的成就。

"长期奋斗、长期攻关、长期吃苦、长期奉献"是中国商飞悬挂在每一处厂房和指挥大厅的醒目标语，是大飞机创业精神的重要组成部分，与"永不放弃"一脉相承。"发展大型客机是一项异常艰巨的长期任务，每走一步都会很艰难。除了横下一条心埋头实干，别无他法。"这是习近平总书记对中国商飞的寄语，也是推动中国大飞机事业走向成功的必由之路。目前，波音、空客的大型客机产品已经系列化，拥有国际干线飞机市场的绝对占有率，前有强大的竞争对手。民机研制具有投入大、周期长、风险高的行业特点，研制一个型号往往长达数年甚至十数年。大飞机梦绝不是靠敲锣打鼓、轻轻松松就能实现的，一如红军长征那样历经千辛万苦，战胜艰难险阻，才能到达胜利彼岸。

相信看过后文，读者们会对"永不放弃"和"四个长期"有更加深刻的理解和感悟，也会对中国大飞机有更多的了解和认同。

第 5 章

突出重围：
搞大飞机难在哪儿

"运十"项目的经验和教训，让我们明白了"能飞起来"只是大飞机自主研发的第一步，而在二十多年后重走这第一步也比当时更加充满风险和挑战。这二十年间，民用大飞机技术的突飞猛进似乎让我们望尘莫及，如何在短时间内实现从"跟跑"到"并跑"，我们需要突破的艰难险阻数不胜数，从发动机到航电系统，从起落架到控制律，还有几乎与大飞机基本设计同步启动的适航审查。后来者注定要经受更多的磨炼，但中华文明从来都不畏挑战，中国精神永远在挫折中更加坚强有力。我们要做的就是在实践中探寻出一条适合中国大飞机的成长之路，创造出一部从无到有、从弱到强的大飞机奋斗史。

5.1
心力不足：
航空发动机之困

伴随着人类飞翔的梦想，先辈们开创了形形色色的飞行方式，热气球、滑翔伞、飞机、火箭等。今天，能够便捷地让任何人都飞上蓝天、环游世界的就只有民航客机，它们每天承载着近千万人在地球表面的广阔空间里飞行。当你坐在机舱里徜徉云海之时，是否意识到是何种神奇的力量在帮助你飞翔呢？那当然是飞机的发动机，必须的！

航空发动机被誉为"皇冠上的明珠""飞机的心脏"，它是整架飞机最核心的部件，是所有飞行动力的来源。发动机的性能基本决定了飞机的性能，因而成为大飞机研制过程中最为重要的系统部件之一。事实上，发动机也是整架飞机上最昂贵的零部件，目前世界民航领域最大的飞机A380和波音787的发动机，单个造价都超过1 500万美元。

飞机发展史同发动机的发展史紧密相连。世界上因为先有了活塞式发动机，才诞生了有动力、可持续飞行的飞机；先有了喷气式发动机，才诞生了喷气式飞机，使超声速、高超声速飞行成为现实；大推力火箭发动机研制成功，才把人类送入宇宙空间。

螺旋桨发动机——活塞时代

活塞式发动机的燃料是汽油，它的工作原理如下：汽油在汽缸里燃烧产生燃气，燃气推动活塞往复运动，活塞连杆驱动主轴转动，这个过程与传统汽车的驱动方式高度相似，只是飞机的主轴连接螺旋桨，而汽车的主轴连接车轮。最后主轴带动飞机螺旋桨高速旋转，从而产生向前的拉力。

活塞式发动机在飞机发展的早期起了重大作用，今天我们还可以见到赛斯纳（Cessna）教练机、水上飞机等小型飞机仍然在使用螺旋桨发动机。但是毫无疑问，它的缺点也是很明显的。第一，提高活塞式发动机功率的办法是增加汽缸的数量，但增加汽缸数量便会使发动机更为笨重，这与飞机要求重量轻的原则是背道而驰的；第二，活塞式发动机通过螺旋桨驱动飞机飞行，但螺旋桨的效率很低，限制了飞行速度的提高，一般在 700 千米 / 小时左右，就几乎达到了活塞式发动机的速度极限。

航空涡轮喷气式发动机——喷气时代

1937 年 4 月，弗兰克·惠特尔爵士第一次在试车台上试用了喷气式发动机。1949 年，第一架喷气式运输机"彗星号"首次飞行。直到今天，我们在天空中和机场里能看到的所有大型飞机几乎全部都安装了喷气式发动机。

喷气式发动机按结构不同可细分为冲压喷气式发动机、脉冲喷气式发动机、涡轮喷气式发动机和涡桨喷气式发动机。大型民航飞机大都采用多转子涡扇喷气式发动机（turbofan），它属于涡轮喷气式发动机，是一种非常复杂的机械装置，但其基本工作原理实际上却并不复杂。空气通过发动机最前端的风扇（低压压气机）进入发动机，一部分空气通过中间的内涵道，经过多个压气机的多级压气过程变成高温高压空气，然后进入燃烧室与航空燃油混合燃烧并急剧膨胀，从燃烧室出口排出后先经过高压涡轮，带动主轴转子和前端的风扇多级压气机高速旋转，最后从尾喷管高速喷出，与另一部分通过外涵道只经过风扇、加速直接流出的空气汇合，共同推着飞机前进。由于涡扇喷气发动机具有大功率、高速度、油耗低等优良性能，因此成为大型民航飞机的首选。

看似并不难懂的发动机原理，为何在设计和制造的过程中却变得异常复杂和困难重重呢？这与大飞机的性能要求密切相关。

首先是稳定性。在出行旅客人数日益增多，但飞机数量有限的情况下，同一架飞机连续执行多日、多段飞行任务是家常便饭。往往是飞机刚在一地降落，在一两个小时甚至更短的时间内，就要更换飞行员和空中服务机组，完成必要的清理和整备，马上又有新的一批乘客登机并起飞前往下一个目的地。又或者是航程较长，单次长达十几个小时不间断的飞行。这对飞机整体的稳定性要求极高，特别对发动机的性能有着近乎苛刻的标准，毕竟在天空中是不可能对发动机进行检修甚至更换的。所以航空发动机比火箭发动机的结构、原理、工艺还要复杂得多，火箭发动机工作时间是以"分钟"为单位计的，一次性使用，哪怕回收再利用的新技术也需要经过繁杂的过程重新准备；而航空发动机一般得工作上万小时，使用一二十年或更久（就是讲究性能优先的战斗机，发动机至少也得有几千小时的基本寿命）。甚至可以说，航空发动机上大到风扇叶片，小到整流罩螺栓，数万个零部件，其质量要求丝毫不低于载人航天任务中飞船上的任何一个零件。在 2019 年上映的电影《中国机长》中，机长最后能够成功把飞机从万米高空平安带回来的关键要素之一正是持久稳定的发动机。发动机的稳定性越高，飞机航路的选择也越便捷，在跨洋飞行时就越能接近两点之间的直线飞行而不用过多考虑在发动机失效的情况下的备降距离。

　　其次是经济性。发动机并不是决定飞行成本的唯一因素，但却是非常重要的影响因素。简单来说，好的发动机就是要功率大，同时油耗小、维护成本低，当然最好重量也轻、噪声也小。用句俗话说就是"又要马儿使劲跑，又要马儿少吃草。"这相当于给工程师们出了一个天大的难题！当前国际上生产航空发动机的四大巨头：通用电气公司（GE）、罗尔斯-罗伊斯公司（简称"罗罗公司"）、普拉特·惠特尼公司（简称"普惠公司"）、CFM 国际发动机公司，数十年来就是在激烈竞争中不断创新，从而不断突破着这些性能极限。如今航空公司购买飞机还可以根据自身需要，为同一型号的飞机选装不同公司的发动机，从而进一步提高运行和维修保养的经济性。当然不同公司、不同型号的发动机对同型号飞机的运行性能影响也不尽相同，这也对飞行员熟练掌握各型号发动机性能提出了比较高的要求。

最后是鲁棒性，通俗来讲就是抵御各种意外的能力。航空发动机终究不是放在科技馆里供人参观学习的，最终还是要装配到大飞机上去运转的，那就会面临各种各样的意外。比如，遭遇飞鸟撞击、雨雪污物等侵入、整流罩破裂、意外失火等曾经发生过的所有事故，发动机都必须能够有效地应对和处置，尽可能延续自身的基本运行直到飞机安全降落。事实上发动机制造企业在做极限测试以及飞机在适航取证的过程中，都会对发动机"上手段"，诸如发动机吞水、风扇转子爆破等，目的就是帮发动机炼成"金刚不坏之身"。在许多有经验的飞行员看来，只要飞机结构完整、有一台发动机能正常工作，哪怕其他机上系统部分甚至全部失效，他们也有把握把乘客安全带回地面。

玄妙的尖端科技——发动机制造关键技术

大型民航飞机与军用战斗机或者运输机的功能定位不

同，性能要求不同，因而在发动机的选择上也各有侧重。综合考虑重量、体积、最大功率、最大速度、空气阻力等因素，目前民航大飞机最常用的发动机类型为大涵道比涡扇发动机，这也是四大发动机巨头激烈竞争的拳头产品。

大涵道比涡扇发动机是指涵道比大于4的涡扇发动机，即不经过燃烧室的空气质量，与通过燃烧室的空气质量的比例大于4:1。从外观上看，如果将发动机整流罩打开，就是一个"大头细身体"的装置。这类发动机的优点是推力大、推进效率高、噪声小、燃油消耗率低、飞机航程远；缺点是风扇直径大、迎风面积大因而阻力大、发动机结构复杂、设计制造难度大。大涵道比涡扇发动机特有的关键技术包括大尺寸风扇、高压比多级高压压气机、低污染燃烧室、高效多级低压涡轮、降噪技术、高效长寿命大功率减速器、间冷回热循环发动机技术等。但并不是风扇越大越好，增大的发动机直径会直接影响飞机整体的气动性能，需要从总体设计和性能要求方面加以协调。

航空发动机被誉为"工业之花"，是人类有史以来最复杂、最精密的工业产品，是一个国家科技、工业和国防实力的重要标志。航空发动机技术涉及冶金、材料、机械加工、机械制造、热力学、空气动力学、流体力学、控制学等学科，基本上把工科的学科统统算上，75%以上都要把自己的最高成就献给航空发动机。我们来做个比喻，假设整个国家的第二产业（从冶金到加工、从设计到制造）是一个金字塔的话，航空发动机就是这个金字塔的塔尖，它涉及了基本上所有的工业和技术项目，并且要用到这些领域的最高技术成就。其实，可以说是航空发动机技术的发展，在带动整个工业领域的进步。目前，世界上能够独立研制高性能航空发动机的国家只有美国、俄罗斯、英国、法国等少数几个国家，技术门槛非常高。就我国当前的制造业能级水平而言，自主设计和生产难度最大的关键发动机部件就是风扇和涡轮的叶片。一是受制于原材料的瓶颈，二是加工工艺的限制，都是短时间内需要投入大量人力、物力、财力才可能有所突破的重要环节。就拿涡轮叶片来说，它在构型和铸造过程中在什么时机、在叶片的什么位置、打上什么方向、孔径多大的小孔都会对其整体性能带来决定性的变化。而诸如此类掌握在四大巨头手中的核心技术，我们买不到也模仿不了，只能成套引进和自主创新双管齐下，才能实现中国民用航空发动机的跟跑和突破。

从"拿来"开始——中国大飞机发动机的路径选择

　　2015 年 11 月 2 日，C919 大型客机首架机总装下线，人们清楚地看到双侧机翼下挂的两台 CFM 国际发动机公司生产的 LEAP－1C 涡扇发动机。LEAP 发动机是一款由美国航空发动机制造商通用电气航空（GE Aviation）和其法国合作伙伴斯奈克玛（Snecma）各出资 50% 合资成立的 CFM 发动机国际公司所研发的大涵道比涡扇发动机。为满足飞机制造商对新一代单通道窄体客机经济性指标提升的要求，LEAP 发动机应运而生。该款发动机油耗指标较上一代同级别发动机约有 15% 的提升。C919 作为中国在 21 世纪新研制的单通道客机，中国商飞在研发之初就对标国际水准，为 C919 选择了 LEAP 发动机。此后，空客公司和波音公司也分别为其 A320neo（LEAP-1A）和波音 737 MAX（LEAP-1B）选择了 LEAP 发动机。为了能更好地发挥性能，作为 C919 飞机发动机选型之一的 LEAP-1C，从基础性能上就与飞机型号的设计指标进行了深度适配，附件齿轮箱布置、风扇机匣尺寸、风扇整流罩气动外形、燃油回油方式等诸多细节都与机体进行了综合性优化设计。

对此有不少人困惑甚至质疑：说好的国产大飞机呢？如果连发动机这个"心脏"都是国外的，大飞机的"中国心"又从何谈起呢？

这还得回到国产大飞机的战略原点来看。三十多年前"运十"项目突然中止，几乎注定今天国产大飞机不能马上用上国产发动机。倘若现在极力拼凑起当时的基础再接着往下干，时间不等人；而用其他类型的国产航空发动机又无法满足大飞机的技术要求，这样一来我们又将再次错失进入世界民航飞机制造领域的大好时机。为此，中国大飞机这次采用了"改良先进、为我所用"的策略研制、配装发动机。这已经不再是停留在中国制造还是中国全包的纠结，而是如何快速有效地实现技术、产品、市场综合竞争的国家战略。从目前的国际民用航空现状看，现代航空业已经是一个全球化程度非常高的行业，要组建一架完整的客机，需要几个甚至十几个国家的零件一起才可以完成，空客公司的发展就是一个最好的例子。

判断一架飞机是本国制造还是组装，有三个标准：一是下线后的整机知识产权归属；二是研制整机的核心团队身份；三是整机研制的关键环节掌握在谁的手里。"中国设计、系统集成、全球招标，逐步提升国产化"，中国商飞这一研制飞机的思路，清晰地表明了C919大型客机确确实实是"中国制造"，它体现了中国人的意志。中国商飞用"主制造商－供应商"模式研制C919大型客机，在坚持中国制造的前提下，最大限度地"聚全球之智"，提高了国产大飞机的性能，也为国产大飞机尽早进入国际市场创造了优势。其实，作为C919探路先锋的ARJ21飞机也采用了国外供应商（GE）提供的动力系统，但这并不影响"阿娇"（ARJ21飞机的昵称）的"中国血统"。

同时，航空工业已经组织了一批专家致力于国产客机发动机的研发，并研发出CJ-1000A（长江-1000）系列国产发动机。中国航发商用航空发动机有限责任公司（原航空工业商业发动机公司）正在研制CJ-1000AX验证机，已经部分完成验证机的研制和试车工作，并同步开展部件、系统、工艺、材料等技术的多轮持续改进，以确保发动机满足C919的技术要求。

与其他关键核心技术一样，航空发动机的研制肯定不会一帆风顺，破解当下的难题不仅需要人才、经验、技术的层层积累，更需要无比坚定的信心和矢志不渝的奋斗。我们完全有理由相信，在推动国产大飞机飞上蓝天的征程中，以发动机为代表的各条产业链都会得到长足的发展和进步，这也是我们必须"造自己的大飞机"和"自己造大飞机"的战略意义所在。

5.2

神经网络：
复杂的航电系统

1903年12月17日，莱特兄弟首次完成现代意义上的飞行，发明了世界上第一架飞机——"飞行者1号"。这位所有飞机的"祖先"，在我们现在看来显得非常简陋，更难以想象飞行员全靠手动操纵发动机、调整飞机姿态等，会是怎样的手忙脚乱。

今天我们所驾驶和乘坐的大飞机，之所以让飞行员和乘客都能轻松、舒适、安全地享受飞行带来的便利和乐趣，不得不归功于飞机上装载的航电系统。但千万别把它误会成每位乘客座椅靠背上那台个人多媒体娱乐终端。事实上，航电系统布置在整架飞机的结构之中，不仅仅是总长数百千米的电线和电缆，还包括它连接的所有部件单元，它的控制中心则安置在飞机的驾驶舱内。如果要做个形象的类比，航电系统就好比人的神经网络，连接大脑、上传下达，感知和控制着飞机的一切。

从机械仪表到电子屏幕——换种方式"连接"飞机

飞行员是操纵整架飞机从起飞到降落的关键人物，他们对飞机的熟悉程度和"连接"程度，影响着飞行的安全和顺畅，就好比赛马时骑手与马匹之间的关系一样。在风靡一时的科幻电影《阿凡达》中，阿凡达与飞鸟之间通过丰富的神经突触相连而建立的高效能生物连接，使得飞行控制如此顺畅自然。那么现实中飞行员如何与飞机产生"连接"呢？

首要的就是使飞行员能够真实了解和感知飞机当前运行的全部状态，包括高度、速度、方向、位置、姿态、重心、油量以及外部气象等参数。在早期的军用飞机和民航大飞机中，这些重要的数据是用多个机械式仪表连接各类传感器来分别显示的，因此驾驶舱内的整个控制面板除了一些开关按钮之外，就是个大仪表盘，飞行员需要同时观察数十个仪表显示的内容。包括高度、速度、姿态、航向、转弯协调等在内的仪表整齐地排列在飞行员面前的控制面板上，熟练的飞行员能够非常快速地一眼扫过并根据每个仪表上指针的位置来综合判定当前飞机的状态，从而决定下一步的操控动作。在夜晚或是恶劣气象等环境中，这些仪表就是飞行员的眼睛，是所有飞行信息的最可靠来源。

机械式仪表陪伴着几代飞机翱翔蓝天，但它也有明显的缺点，比如信息分散，每个表盘只能表征一到两个重要数据，对飞行员的熟练程度有较高要求；测量精度有限，受制于机械设计和加工的精密程度，在复杂飞行环境和特殊天气条件下容易产生测量偏差；仪表装置的使用寿命有限，冗余度不够等。因此，从 20 世纪七八十年代起，空客和波音所研制的大型客机驾驶舱都开始陆续采用电子显示装置（阴极射线管、液晶显示器或发光二极管），直至"满眼"的机械式仪表被电子飞行仪表系统全面取代。

按不同的制造厂商和型号来看，大型飞机驾驶舱内的电子显示屏一般有 5～7 块不等。与机械式仪表单一的指针和刻度方式不同，电子显示装置上可以整合呈现多个飞行参数，可以动态显示飞行航线，可以把飞机前端机载气象雷达的扫描图像直接显示出来等，这些都是机械式仪表望尘莫及的功能。也许批评家们会说，新技术必然带来新问题！比如飞机在空中意外断电了怎么办？以前大部分重要的机械式仪表仍能正常工作，而现在靠着几块"黑屏"还怎么飞？好问题！因此，整架飞机的冗余备份系统就至关重要，包括应急供电和飞控程序等，都在设计之初就排上了重要位置。

总之，电子飞行仪表系统使得飞行员能够非常方便、直观、准确地了解飞机的各种状态，出色地承担着航电系统中的信息"上传"任务。

电子传导、液压作动——电子与机械的完美协同

有了感知还得有反应才行，这也可以说是航电系统的"下达"执行环节。如今，无论空客还是波音都已大规模采

用电传操纵系统，来实现驾驶舱对飞机所有动作的指挥和操作。

电传操纵（FBW），是一种先进的电子飞行控制系统。它是将飞行员的操纵指令和动作经过变换器转换为电信号，通过遍布机身的电缆直接传输到灯光信号、发动机控制、液压调节等作动机构的一种系统。电传操纵系统的主要组成部分包括运动传感器、飞行控制计算机、传输线路、作动器和电源，整体上相当于动物的感觉器官、大脑、神经网络和肌肉。电传操纵系统实际上是用电子接口取代了航空器的物理操纵，这不仅体现了元器件的更新换代，更为计算机在飞行中的应用打下了重要的基础。当飞行员的指令被转换成电信号时，就可以由飞行控制计算机通过事先设定的控制法则，来确定如何恰当地驱动连接在每个操纵面上的执行机构，以提供飞行员想要的响应。

而较早的机械式和液压式飞行操纵系统都是从驾驶舱的操纵杆直接物理连接到作动器来控制发动机功率、翼面形态等，因此受到物理空间的限制，无法把飞机造得很大，并且维修保养的难度也大，还容易发生机械故障。同时，这些大部分由金属制成的连接部件重量较大，需要使用滑轮和曲柄系统仔细布置穿过整个航空器的飞行操纵线路系统，这对设计、生产和安装提出了非常严苛的要求。从检查维护的角度来看，机械和液压系统需要润滑、松紧调整、渗漏检查、更换液体等繁杂的操作流程。同时，这两个系统还经常需要冗余备份装置，这又进一步增加了飞机的重量，降低了飞行的经济性。然而通过使用计算机和电子连接，设计者能够有效降低航空器重量并提高可靠性。电传代替了机械传动，也为飞机腾挪出了更多的空间给乘客或者货物，进一步提高了飞行的经济效益，飞机的安全性和可扩展性也得到了极大提升。与很多高精尖科技类似，电传操纵技术最初被应用于军机，之后才进入民机市场。空客系列飞机也是从 A320 系列才开始全面应用电传操纵技术，而波音则是在波音 777 系列之后才广泛应用此项技术。

目前的电传操纵系统主要采用电子传导、液压作动的两步方式实现飞行员对飞机行为的控制，比如调整机身的俯仰和滚转姿态、收放起落架等。指令下达的过程从驾驶舱（大脑）开始，飞行员触碰操纵杆和各舵面控制器后生成的指令信号由飞行管理计算机转化成电信号，经电缆（神经网络）传输到作动器（肌肉），而后由液压控制动作，实现了电子与机械的完美协同。

飞行员的得力助手——飞行管理计算机

当你坐在机舱里经历着起飞、爬升、巡航、下降、进近、着陆的飞行过程时，是否理所当然地认为"飞行员掌控着这一切"？对，也不对。现役民航大飞机不仅从管理机制上不允许飞行员"为所欲为"，从技术上也"限制"或者说"保护"着飞行员不犯错。为此，主流的大型民用飞机都配置了"飞行管理计算机"来配合飞行员完成繁杂但重要的工作。

上文中提到的"电传操纵"一词从字面上仅仅意味着这是一个通过电信号实现控制的系统，其实它还能够更灵活地响应变化中的空气动力环境，自适应地对飞机进行调整，防止意外事故发生或者飞行员误操作，如防止失速或机身过载。因为它不只是一捆捆的电线，而是一个通过计算机控制的系统。软件程序实际上限定了飞行员的操纵输入只能落在一定范围内，任何"过分"的操作都会被自动修正。当然，为避免危及安全，这些程序都需要经过飞机制造商周密地开发和验证。2018 年 10 月和 2019 年 3 月，波音 737 MAX 机型接连发生的两起灾难性事故让更多的人了解到计算机控制系统一旦出现软件漏洞会带来的惨痛代价，这也为国产大飞机的设计生产和试飞验证敲响了警钟。

飞行管理计算机（FMC）是现代客机的重要组成部分，一般一架飞机配有 3 台飞行管理计算机，组成飞行管理计算机系统（FMCS）。使用未安装 FMCS 的飞机飞行时，飞行员必须参考地图、飞机性能手册、航图、各种性能图表和计算器，通过人工计算获得导航和性能的相关数据，这虽然是飞行员的专业基本功，但在实际工作中费时、费力，而且还容易因为信息更新不及时而出现错漏。如果飞行员通过 FMCS 操纵飞机，则这些工作就都可以由计算机代劳，这样一来可以让飞行员腾出更多的时间和精力，更安全地管理飞机的飞行。如今，飞行员只要向飞行管理计算机输入飞机的起飞机场、目的地机场、商业载荷、油量、无油重心、起飞重量、成本指数并规定飞行航路，FMCS 就能准确地计算出飞机最合理的飞行航路、经济的巡航高度及相应速度，也能连续计算推力极限值，送出指令到自动驾驶系统和自动油门系统。在比较稳定的巡航过程中，飞行管理计算机可以凭借预先设置的各类参数实现自动驾驶。而在一些拥有二类以上盲降系统（ILS-CAT Ⅱ）的机场，飞行管理计算机甚至可以在地面控制信号的协助下平稳地自动下滑，对准跑道降落。空客公司于 2019 年 12 月在法国图卢兹机场用一架 A350 试验飞机首次成功完成了基于图像识别技术的全自动滑跑起飞，其整个过程都是在飞行管理计算机的监管和控制下完成的。

尽管飞行管理计算机如此强大，它也无法在紧急时刻代替飞行机组做出及时并正确的决策，实际上还只是充当了飞行员的管家和助手的角色，更好地照顾飞行和乘客的安全，以及航空公司的经济效益。如今乘坐飞机，在登机或下机时，有可能看到驾驶舱里会有两到三名飞行员忙碌的身影，但可能很少有人知道，过去的飞行机组一般都是五人制编组（机长和副驾驶各一名，外加一名领航员、一名机械员和一名通信员），而今天的中短程航线驾驶舱中只需要坐着两名飞行员。可以说，飞行管理计算机帮助飞行员从只把着"一杆两舵"的操作员，转变为眼观六路、耳听八方、运筹帷幄的飞机管理者，成了真正的飞行指挥官。

民航界关于电传操纵系统的主要担忧还是集中在可靠性的问题上。传统的机械式或液压式操纵系统通常是逐渐失效的，或者说各个操纵面不会一下子同时失效，而飞行控制计算机的失效则会使飞机立即处于不可控制的瘫痪状态。为此，大多数电传操纵系统包含冗余计算机和一些机械式或液压式备份。这样看上去还是要用"老法子"做冗余备份，好像使电传操纵系统的一些优点变得没有意义了。但是冗余系统只用于紧急情况，这些系统可以做得更简单、更轻，而且只需提供有限的应急能力。综合下来，采用电传操纵系统依然是利大于弊。

飞行控制律——大飞机的核心能力

电传飞行控制律是电传操纵系统运行的控制规律。飞行控制律表明了飞行员操纵与飞机运动响应之间的关系，通过反馈控制算法，获得飞行员期望的飞机操纵特性。举个生活中的例子，现在许多品牌的汽车都具备了自主停车功能，不用司机动手，车辆就会根据获得的停车位影像自动调整前轮转向和车辆前后移动，最后顺利停到指定区域中，这种交给车载计算机来完成的计算和动作，其实就是一种控制律算法。上文中提到的自主滑跑起飞的 A350 试验飞机，也是控制律的一部分。如果说飞机的外观、结构、起落架等都是"筋骨皮"，那么控制律无疑就是飞机的"智商"和"灵魂"。控制律是实现电传操纵的核心关键，是主制造商必须掌握的核心技术，也是国外限制出口与转让的关键技术。C919 的飞行控制律正是国产大飞机的大脑中枢、核心能力，也是中国商飞年轻的工程师团队呕心沥血、从无到有填补的技术空白。飞机的控制律显然比汽车要复杂得多得多，任何一个动作触发的所有传感器反馈都需要控制律来做出综合判定和处置。比如说，飞机在空中一个简单的转弯动作，就需要方向舵、副翼、扰流板、甚至升降舵、发动机一起来配合完成，每个操作界面何时动作、如何动作、幅度多大、怎样根据飞机姿态和气流状态来动态配平飞机重心等，全都需要控制律收集各项传感器数据并精确计算和反应。控制律做得越复杂，越能减轻飞行员的负担，飞行员就可以更精确、负担更小地把飞机控制得更好。因此，在设计研发阶段把控制律做精、做强，就能够使我们的国产大飞机更加具有性能优越性和市场竞争力。

着眼未来——大飞机向多电进军

作为先进大飞机的重要标志，C919 的航电系统也采用了极高的设计制造标准，由昂际航电公司提供的综合模块化航电技术是系统解决方案的核心，它提供了可扩展、易配置的开放式架构平台。昂际航电由航空工业和美国通用电气（GE）公司各占 50% 股份组建，于 2012 年 3 月注册成立，致力于成为全球性的民用航电系统解决方案供应商。它首要的任务是为中国大飞机 C919 打造"最强大脑"。当然，昂际航电作为航电系统供应商，是根据中国商飞的设计需求来实现产品化的。中国商飞的工程师团队把控制律设计完成之后，会形成详细需求，也就是形成系统技术规范，用全英文写出来，发给供应商，然后由供应商去实现软件代码和工业化产品制造。这也是中国商飞采用的"主制造商-供应商"模式的一种具体体现。

　　未来的多电或全电飞机就是以电力作为飞机的主要二次能源，逐渐或全部取代传统飞机系统中的液压能和气压能，提高能量的综合利用效率，有效减少飞机的排放量，减小对环境的影响。多电技术是当前飞机发展的主要方向之一，是实现飞机更高安全性、经济性、环保性的重要手段。多电飞机的核心思想之一就是功率电传（PBW），即所需能量通过电缆进行传输，这比目前的电传操纵更进了一大步。功率电传不但可以大大降低能量在传输过程中的损耗，而且可以做到能量的按需供应和能量的综合管理，大大提高能量的综合利用效率。而且柔性的电缆在机内的布置相较于输气管路和液压管路来说要方便和容易得多，会给结构设计带来诸多便利。由此可见，多电或全电飞机乃是未来环保型飞机的必然选择。其中，电启动技术、电环控系统、电热防除冰技术、电作动技术是多电技术中的重要技术组成，将极大改变现有的飞机部件结构和功能配置，具有革命性的意义。

　　比如电作动技术，采用功率电传作动技术替代传统的液压伺服作动技术，把相互配合了几十年的"液压兄弟"彻底请下飞机。与液压作动相比，电作动技术具有功率传输方便、重量大大减轻、安全可靠无污染、易于进行故障诊断和健康管理、系统余度增加、可维护性高等优点。

总之，多电技术是通过能源系统集成化的设计思想，实现对飞机能源的优化，采用了先进的能量管理理念，使用电能逐步替代传统的液压能、气压能等机械能，使能量的产生、分配和消耗效率更高，节省飞机直接运营成本，进一步提高了系统的可维护性。C919及未来机型正是瞄准了最先进的多电技术和理念，打造属于自己的航电系统核心竞争力。

5.3

钢筋铁骨：
航空材料与结构强度

很多人都向往像鸟儿那样自由飞翔，乘风而动，好不潇洒。然而，你一定不会想坐在飞机的机舱外完成自己的旅行，因为我们都没有那身强健的"筋骨皮"来保住性命，更别提潇洒了。对地球生物来说，高空、低温、高速的空气动力飞行环境是极其恶劣的。哪怕是科幻电影中的钢铁侠，也需要很谨慎地穿上特制的盔甲才能"开工"。看似笨重的大飞机又是如何做到在万米高空游刃有余的呢？

轻巧而结实——材料和工艺的极限挑战

在飞机制造业流传着一句话："一代飞机，一代材料。"自 20 世纪 50 年代初喷气式客机问世以来，大约每隔 10 年就会出现一批具有许多新技术特点的大型民机，尽管造型外观上没有出现颠覆性的变化，但制造材料的更新换代是必不可少的。作为航空制造业三大关键技术之一，航空材料的发展对航空技术起着强有力的支撑和保障作用；反之，航空技术的发展需求又极大地促进和引领了航空材料的发展。理想的航空材料必须至少具备三个基本特性：强度高、重量轻、易加工。千万不要以为整架飞机都是由一种材料制造而成，处于不同位置的飞机构件的性能要求也不尽相同，实际上一架飞机的全身拼接着多种材料，并以此为性能、工艺和成本寻找最佳的平衡点。

首先让人联想到的材料大多是铝合金。1903年，莱特兄弟发明的世界上第一架飞机，所使用的材料主要是木材和帆布。那时，简陋的机体结构很不可靠，普通人不敢冒险飞行，因此本着自己对自己负责的职业精神，飞机设计师自己就是试飞员。20世纪初，铝合金研制成功，它很快便取代了木材和帆布成为最主要的航空材料，并推动高性能全金属结构飞机实现"跨越式"的发展。到第一次世界大战期间，全金属结构的飞机已经很普遍了。航空铝合金具有较高的比强度、比刚度，容易加工成型，有足够的使用经验，从而成为现代飞机的理想结构材料。比强度是指材料的抗拉强度与材料表观密度之比，比强度越高表明达到相同强度所用的材料越轻。比刚度是指材料的弹性模量与其密度的比值，比刚度较高说明相同刚度下材料更轻，或相同质量下刚度更大。铝合金在飞机上主要用作结构材料，如蒙皮、框架、螺旋桨、油箱、壁板和起落架支柱等。在现代飞机结构件中，利用了1 500～2 000种铝铸件，根据飞机不同的使用条件和部位，主要用了三种基本的铝合金：高强铝合金、耐热铝合金、耐蚀铝合金。铝合金这一在飞机上已有百余年应用历史的传统金属材料，在当前航空材料的使用中仍占据优势地位。对中国商飞感兴趣的读者不难发现，公司的重要"合伙人"之一就是中铝集团，这也能够确保在大飞机制造材料的研发和供应方面给予充分保障。

另一种被称为"航空时代标志"的材料就是钛合金。1949年，美国DC-7运输机的发动机舱和隔热板上，第一次采用了钛合金。钛合金密度约为结构钢的60%，而强度接近结构钢，具有高比强度和比刚度的优点，且耐腐蚀性好，可以与复合材料直接连接而不易产生电化学腐蚀，具有优良的综合性能。正因为如此，钛合金在航空领域得到越来越广泛的应用。在20世纪60年代研制的波音747飞机上，钛合金用量约占结构重量的4%，其主起落架梁钛合金锻件，重约1 290千克。当前，有"空中巨无霸"之称的A380飞机的钛合金用量已达10%，波音787"梦想飞机"的钛合金用量更是达15%，创下大型民机钛合金用量的历史新高。毋庸置疑，与性能同步提升的当然还有材料的制造加工工艺复杂度和价格成本。

除了铝合金、钛合金外，镁合金也是飞机上经常使用的材料。早在1934年，德国就开始将镁合金应用到飞机机翼蒙皮上。作为最轻的金属结构材料，镁合金具有密度小、比强度高、可承受较大冲击载荷的特点。但由于镁合金易燃和不耐热的缺点，其在航空领域的应用率逐渐下降。不过在 21 世纪，新型镁合金再一次进入人们的视野，逐渐开始在民用飞机隔框、座椅、油箱等部位得到应用。埃塞克斯飞机公司制造的镁合金油箱与铝合金油箱相比，每升容积可减重约 0.15 千克，使得整架飞机最大减重可达 454 千克，这对提升飞机的经济性有着重要影响。

人们一直在努力为飞机寻找价廉物美的材料，超高强度钢就是其中之一。超高强度钢在强度、刚度、韧性以及价格等方面具有很多优势，且拥有在承受极高载荷条件下保持高寿命和高可靠性的特点，因此在航空领域得到广泛使用。比如，飞机的起落架要承受冲击等复杂载荷，而且载荷巨大，同时还要求起落架舱容积尽可能小，超高强度钢绝对强度大、稳定性好，因此成为起落架的首选材料。超高强度钢的另一应用是作为一些特殊传动部件的基体材料，比如航空发动机中的轴承和传动齿轮。航空发动机的轴承和传动齿轮的工作环境完全可以用"炼狱"来形容，它们不仅要承受各种应力的挤压和摩擦，而且绝不允许在使用过程中出现裂纹等损伤，只有超高强度钢才可担此重任。目前，世界上只有极少数国家掌握航空发动机传动部件超高强度钢的制造技术。这也是制造高性能航空发动机的关键核心技术之一。

当人们习惯于飞机刚毅强劲的外表后，很难想象非金属材料越来越多地用于飞机机体，那就是眼下最热门的复合材料。航空非金属材料主要包括碳纤维环氧树脂复合材料和蜂窝夹层复合材料等。碳纤维复合材料是目前国际上民用航空领域应用最为广泛的复合材料，其刚度和强度性能相当于或超过铝合金，而质量很轻，具有较高的比强度和比模量、较好的延展性、卓越的抗腐蚀性等特点。也许有人会质疑，使用非金属材料，这不好像又回到了木材和帆布的时代了吗？其实，复合材料在民用飞机结构上的应用也是逐渐得到认可的，刚开始只是用于受力很小的前缘、口盖、整流罩、扰流板等构件；接着是升降舵、方向舵、襟副翼等受力较小的部件；再来是垂尾、平尾等受力较大的部件；最后才用于机翼、机身等主要受力部件。不可否认的是，民用飞机的机体结构已经出现了复合材料化的趋势，复合材料的大量应用已成为衡量新一代民机先进性的重要标志，也是争夺新一轮国际民机市场份额的关键因素之一。当今最先进的 A380、A350 和波音 787、波音 777X 等型号飞机，有别于以往同类飞机的一个重要标志就是机体结构大量采用复合材料。波音 787 飞机表面可以看得见的部件，基本上都采用复合材料，用量占结构重量的比例达到了 50%。而复合材料和钛合金等新型材料的结合使用，使得波音 787 结构效率进一步提高，性能更加提升。

C919 大型客机在雷达罩、机翼前后缘、活动翼面、翼梢小翼、翼身整流罩、后机身、尾翼等主承力和次承力结构上都使用了复合材料。第三代铝锂合金和复合材料等先进材料在 C919 上的应用，极大地提高了飞机的安全性、经济性、环保性，显著提升了 C919 飞机的竞争力。

航空材料的特性变化，也带动了加工制造工艺从冲压锻造到 3D 打印的不断演进。在机械化冲压锻造技术已经非常成熟的今天，3D 打印似乎又为飞机制造带来了新的机遇。3D 打印技术，也叫增材制造技术，其成品率高、能有效减轻重量，同时也可以更好地避免因焊接引入的缺陷，尤其适合运用于内部结构复杂的零部件，这样就使飞机零部件的按需快速生产和无模具加工制造成为可能。2014 年，通用电气公司采用 3D 打印技术中的电子束熔炼（EBM）新工艺来制造喷气式发动机的涡轮叶片，新的电子束比传统的激光烧结强大十倍，一次加工成型的金属钛厚度提高了 4 倍，并使生产效率得到了极大的提高。现在生产一个 8 叶的涡轮叶片只需要 7 个小时，每年可以节约 160 万美元能源成本。当然，3D 打印技术自身还处在发展初期，尽管前景广阔、潜力巨大，但确实还不到"打遍天下"的时候，飞机也绝不可能从头到尾被"打印"出来。事实上，没有任何一种现有的材料或制造工艺，可以单打独斗地解决航空制造中的所有问题，必须结合多种制造技术才行。

静力试验——大飞机的首轮"酷刑"

静力试验是大飞机结构试验的内容之一，目的是观察和研究飞行器结构或构件在静载荷作用下的强度、刚度以及应力、形变的分布情况，是验证飞行器结构强度和静力分析正确性的重要手段。强度是指结构承受载荷时抵抗破坏的能力，刚度则是指结构在载荷作用下抵抗变形的能力。通俗地说，静力试验就是对大飞机的机体结构"用酷刑"，用力压它、拉它，模拟飞机在空中可能遇到的各种极端情况，测试飞机的结构强度所能承受的极限。只有通过了静力试验，这个设计型号的大飞机才有资格飞离地面去做后续试验。

20世纪40年代以前，进行静力试验时将飞机仰置，用铅粒或砂粒装在袋中堆叠在机翼上，模拟机翼分布载荷；用铁块吊在绳索上模拟集中载荷，方法简陋，之后改用电动机械加力器或液压作动筒和千斤顶加载。从20世纪40年代开始全尺寸结构静力试验都通过杠杆系统加载，并采用多点协调加载系统，保证各加载器能按预定比例加载，在结构破坏时能自动卸载，以免破坏部位继续扩大。20世纪七八十年代，静力试验已采用电子计算机控制的电动液压伺服系统自动闭合回路协调加载系统，有上百个加载器、几百个加载点、几百个测量通道、几千个应变片，并用电子计算机进行数据采集和处理。经受静力试验的大飞机主体结构就好像一只关在笼子里的鸟，虽然具有潜在的飞行能力，但却永远不会真正地飞起来，因为它存在的目的是要接受严苛的结构试验，以验证它的"兄弟们"能够满足飞行所要求的结构强度。

用于静力试验的飞机如同人们做心电图检查一样，浑身布满能敏感地测出应变、位移的电阻应变片和位移传感器。这测量的不是飞机"心脏"的跳动，而是机体"骨骼"在外部载荷不断加载情况下的应变和变形。伴随着持续加载，飞机开始显现明显的外部反应，机翼开始向上一点点翘起。空客、波音等一些大型民航客机在静力试验中，机体尾部在载荷作用下会向后伸长 1 米，载荷作用下的机翼在翼梢处可以向上弯曲高达 5 米，看着非常"虐心"。当然这些都不是永久变形，在载荷消失后，飞机还能够自动恢复到原来的状态才算合格。在专业人士的眼里，一架好的飞机必须足够结实而又不能过于结实。静力试验是对飞机结构工程师的大考，并不是随随便便就能通过的。事实上，ARJ21 飞机就曾经在静力试验环节遭遇过巨大挫折，具体在下节中加以介绍。

轻伤必须下火线——"脆弱"的大飞机

虽说大飞机很坚固，是能够经受住万米高空、高寒、高速、低气压等严酷考验的"空中堡垒"，但这毕竟是相对空气、水汽和温度而言的，其实它在低空或是地面上非常"脆弱"，经不起任何撞击。别说是轻轻地碰擦一下，就连表面的微小凹陷或裂痕都必须让它停工"休养"。这也是人类在一百多年来所有航空灾难中用无数的生命换来的教训：地面上看到的一条小小裂缝，在高空就很可能成为飞机解体的肇因。正因为要让大飞机长期在万米高空飞行而万无一失，所以飞行机组和地面检修都必须格外用心和严格。

飞机机体、发动机和机载设备经过一定时间的飞行之后，可能发生磨损、松动、断裂、腐蚀等现象，所以隔一段时间就要进行一些检查和修理。欧美飞机的定检周期一般按飞行小时或起落架次分为 A、B、C、D 等级别。按照字母的顺序，维护的零部件范围越来越大、程度也越来越深。A 检无需专门的停场维修，可以利用每日飞行任务完成后的航行后检查时间来进行。对于同一机型，A 检的飞行间隔时间也不一定是固定的，飞机运营方、航空公司维修部门会根据飞机的实际运行状况、维修经验的积累等进行相应调整，适当延长 A 检周期以减少不必要的维修费用和停场成本。D 检，又叫大修、翻修，是最高级别的检修，对飞机的各个系统进行全面检查和装修，一般是在大型航空公司基地机场或专门的飞机维修工程企业（如北京的 AMECO、厦门的太古等）的机库内进行。D 检的过程是将整个飞机完全拆开，由此来检测每个零件是否依然符合标准、有无问题，然后才能将之重新组装成整机，一般需要的飞机停场时间在一个月以上。由于 D 检间隔一般都超过 1 万飞行小时，因此很多飞机会在 D 检中进行改装或更换结构和大部件。理论上，经过 D 检的飞机将完全恢复到飞机原有的可靠性，类似于"脱胎换骨、浴火重生"，飞机飞行小时将从"0"开始重新统计。

飞机与汽车类似，除了定期检修保养外，日常使用也必须进行航前安全检查，对关键部位进行清单式的确认。飞行机组每次早于乘客 2 个小时左右登机，除了做好驾驶舱仪器仪表检查、客舱应急设备和服务准备外，最重要的一项工作叫作"绕机检查"。无论白天黑夜、艳阳高照还是刮风下雨，飞行员都必须穿着反光安全背心环绕飞机步行一圈，对地面机务人员已经完成的各项飞行前检查做再次确认，包括对发动机、机翼、起落架、轮胎等重要构件的外形和表面做目视检查，触摸可疑擦痕或异常松动等。一旦发现疑点就要与机务人员协作，确保不会对飞行安全造成影响方可放行。如果机务人员对可疑问题无法现场做应急处理或安全确认，那么当次航班就很有可能更换飞机或者取消。毕竟，安全是所有飞机运营方、航空公司的最高原则，在安全面前经济损失都是次要的。

"金刚芭比"——国产大飞机的创新集成

当 C919 下线时，我们不难发现其正面外观与最新的 A350 和波音 787 有明显的共同之处，都属于"10 后"的审美标准——"大眼睛"和"高鼻梁"。比起过去 20 年间生产的各类型大飞机，"10 后"的驾驶舱视窗面积更大、视野更宽阔，是名副其实的"大眼睛"。而曲面风挡玻璃与金属外壳贴合得更紧密、更流畅，使得机头的"鼻梁"也挺了起来，不再是风靡半个多世纪的"海豚鼻"了。C919 不光好看，还很有"内涵"——非常轻巧而结实。先进材料首次在国产民机上大规模应用，如第三代铝锂合金材料、先进复合材料等。

C919 的"脑门儿"非常硬，用了 4 块钛合金蒙皮增加强度。在鸟撞试验中，1.8 千克的鸟弹（现场宰杀活鸡制作）以约 660 千米 / 小时的速度打到机头上，撞击后结构没有被打穿。中段机身大量选用第三代铝锂合金、高损伤容限铝合金材料及超大型钛合金锻件。副翼部段位于机翼外侧后缘，是飞机的主要操纵面，复合材料用量近 70%。垂直尾翼包括垂直安定面和方向舵，除重要的连接接头为钛合金零件外，绝大部分零部件均为复合材料。飞机"尾巴"尺寸虽小，但对飞机操纵性能的影响和制造难度极大，作为水平尾翼和辅助动力装置（APU）的安装区，其60% 的结构使用了复合材料。

C919 在机体结构上采用的另一项领先技术就是超临界机翼，这也是飞机气动布局的重要组成部分。超临界机翼是一种特殊翼剖面（翼型）的机翼，它能提高机翼的临界马赫数，使机翼在高亚声速时阻力急剧增大的固有现象推迟发生，从而大幅改善在跨声速范围内的气动性能，降低阻力并提高姿态可控性。与传统机翼相比，超临界机翼可使飞机的巡航气动效率提高 20% 以上，进而使其巡航速度提高将近 100 千米 / 小时。科技创新实践中永恒不变的规律就是，高性能必然带来新挑战。尽管超临界机翼的构型早在 20 世纪 70 年代就被空客实际应用到 A300 型飞机上，但对中国大飞机来说还是个新技术。追求性能上的提升必然会使得超临界机翼的设计和制造难度相应增大很多。为了制造出这样的机翼，中国的航空设计师们从几百副机翼设计原型中优选出 8 副机翼进行风洞试验，前后共计"吹风"15 000 多次。这样的机翼构型设计可以减轻飞机的结构重量，增大结构空间及燃油容积，提高飞机的经济性。

5.4

探路先锋：
ARJ21 飞机修成正果

中国的成都航空是一家用"太阳神鸟"作为徽标的航空公司，这不仅是成都金沙遗址的重要象征，更蕴含着中华民族自古对飞天的憧憬和向往。相比三大航（国航、东航、南航）来说，这家扎根于巴蜀大地的航空公司，规模实在不大，但它之所以受到很多关注，不仅是因为太阳神鸟的徽标，更重要的是它率先运营了 ARJ21 国产喷气式支线飞机。在 C919 之前，由中国人自主研发制造，并拥有完全知识产权的支线飞机 ARJ21，虽然在载客数量、航程等性能方面不如 C919，但却实实在在地为 C919 项目的推进打下了坚实的基础，甚至可以说是用"遍体鳞伤"为 C919 摸索出了一条成长之路。回望过去的十多年，"阿娇"（ARJ21 飞机）历尽坎坷方才"修成正果"，也正向着更高的目标奋进。

步步为营——从支线到干线

"阿娇"并非我们所说的"大飞机"，而是民用航空中的支线客机。ARJ21 的英文全称是"Advanced Regional Jet for the 21st Century"，意为"21 世纪新一代支线喷气式客机"。所谓支线客机，通常是指 100 座级以下的小型客机，主要用于大城市与中小城市之间的中短途旅客运输。20 世纪 60 年代，支线航空开始兴起，并且发展迅速。1978 年，美国对民航运输业采取"放松管制"的政策，加速了支线航空的发展。20 世纪 90 年代，新型喷气式支线客机的出现，在航空运输领域掀起了一场"静悄悄的革命"。一些航空公司开始利用新型喷气式支线客机航程长、机型小的特点，采用"绕过枢纽"的新战略，开辟新的航线。这些新开辟的"瘦长航线"与低成本航空公司的"点对点"服务结合在一起，形成了对枢纽航线统治地位的夹击。从此，支线航空在北美市场脱胎换骨、面目一新。中国的支线航空市场尚未深度挖掘，实则潜力巨大，特别是在内蒙古、新疆、西藏等中西部广袤的土地上，城市间的人员和物资运输效率亟待提高，但当地又暂不需要跑道等级特别高的大型机场，或者根本没有条件也没有必要兴建大型机场，支线航空无疑是最佳解决方案。"阿娇"研制生产的意义并不仅限于此，毕竟"新舟"系列涡桨支线飞机的技术和市场都已经相对成熟，更重要的意义在于"阿娇"是继"运十"之后中国人航空梦的再次启航。这次启航，我们提出了民机"产业化""系列化"的发展思路，不再痴情于过去"技术合作"的诱惑，而是要一步跨进追求商业成功的思维。

ARJ21 飞机项目于 2002 年 4 月正式立项；2002 年 9 月，中航商用飞机有限公司成立；2008 年 5 月，中国商用飞机有限责任公司成立，负责运作 ARJ21 飞机项目。今天，在中国商飞内部的管理体系中，三大型号穿插在设计、制造、试飞、管理等各个环节之中，"商飞人"也给它们起了三个朗朗上口的"小名"——支线（ARJ21）、大客（C919）、宽体（CR929），这也正是中国商用客机研发制造的清晰路线图。

一架完整的 ARJ21 飞机由数百万个零部件组合而成。在全球范围内生产和组装任何一种产品，其复杂程度都无法与商用飞机相提并论。毫无疑问，即使 ARJ21 飞机选择了十余家国际知名系统供应商，它依然是中国首架拥有自主知识产权的新型喷气式支线客机！原因在于，飞机的市场选择、整体设计、性能指标、机型结构、系列化发展以及未来的市场开拓等一系列关键性问题的方案制订，都要由中国商飞（原中航商飞公司）来决策！大量选择国际知名系统供应商作为主要系统供应商，最主要的目的是提高飞机的国际竞争力。

娇小的身材，顽强的意志

大家都习惯用"阿娇"来称呼 ARJ21 飞机，一来显得平易近人，二来她与其他主流民航客机相比个头也确实非常娇小。除去起落架的高度和机翼的宽度外，"阿娇"的客舱长度跟两辆公交大巴车差不了多少。但就是这娇小的身材，却经历了一次又一次的严酷考验。

前面的章节里提到过飞机静力试验的"酷刑"，用来检验飞机的结构强度。ARJ21飞机的01架静力试验机在"全机稳定俯仰（2.5g）极限载荷静力试验"中确实遭遇了"劫难"。2009年12月1日傍晚，在陕西阎良中国飞行试验研究院的456机库内，ARJ21飞机的01架静力试验机被"五花大绑"般架在试验台上，外部载荷按计划正慢慢加大。忽然间，中后段机身传来金属断裂的声音，紧接着龙骨梁的位置一声巨响，外部载荷停在了87%并立刻按程序自动卸载。全场的试验人员都不敢相信这场"劫难"来得如此突然，试验机严重损坏，随后101、102两架试飞飞机的特许飞行证也被局方收回，直到半年后的2010年6月28日，试验才得以重新开始，并最终达到了100%的测试要求。这半年时间里，设计人员、试验人员、局方审查人员各方面所承受的压力都是前所未有的，能否顺利闯过这关直接决定着ARJ21飞机项目还能不能继续走下去。

类似的考验还发生在鸟撞试验中。同样是在2009年12月，在ARJ21飞机的第一次机头鸟撞研发试验中，一只4磅（约1.8千克）重的鸡被装在一个专业的试验设备（空气炮）中发射出去，用来模拟飞行中的鸟类撞击飞机机头的情形。由于这是国内首次开展商用飞机鸟撞适航验证试验，因此没有任何能够借鉴的经验或流程，包括对适航条款的理解、所需的验证手段、采用的分析方法、试验如何开展、评判标准如何制定等都需要设计人员自己去探索。

当时有不少人在质疑中国商飞的 ARJ21 飞机项目能否最终取得成功，因为其首飞时间、交付时间都有比较大的推迟。当然空客和波音在新机型的研发上多少也存在类似的情况，但对中国来说这毕竟是举世瞩目的"首秀"，是取得国际声誉和同行信任的关键一战。绝大多数人在了解了"阿娇"所经历过的这一切之后，都会感叹这些推迟是为了更完美地亮相，为了百炼成钢的那份坚韧和自信！"阿娇"顽强的生命力正是来源于研制团队"永不放弃"的坚守，她继承了中国航空人坚毅勇敢的基因，在一次次磨难和挑战中奋勇前行！

"影子"审查——适航取证难上加难

2008 年 11 月 28 日 12 时 23 分，由我国自行研制生产的首架喷气式支线客机 ARJ21 飞机在上海市宝山区大场机场飞上蓝天，这里也是中国商飞上海飞机制造有限公司的生产基地之一，是"阿娇"的诞生地。

从 2003 年 9 月 25 日 ARJ21 飞机型号合格审定会议算起，到 2007 年 12 月 21 日 ARJ21 飞机在上海飞机制造厂总装下线，再到 2015 年 11 月 29 日正式交付航空公司，"阿娇"共经历了 52 项极端气象条件试验试飞、54 项美国联邦航空管理局的"影子审查"项目、398 条适航审定使用条款、3 418 份符合性验证报告、8 220 次失速试飞、30 748 千米环球试飞……从立项、设计，到试制、试飞，再到生产、交付，几乎每一步都是中国民用航空工业的第一次，其中包含的核心要素就是"适航性"。

适航性是民机的重要属性，其根本目的在于确保飞行安全。适航标准具有客观性和发展性，有句毫不夸张的形容叫作"地面上墓碑的数量决定着适航标准的建立"，每一起航空事故都会启动对适航标准的进一步审视。随着民机市场竞争的日益激烈，适航标准实际上也逐步演变成一种市场准入门槛和国际贸易中的技术壁垒，成为先发者的一种技术优势。

ARJ21 飞机是严格按照中国民航 CCAR-25-R3 进行设计的新型支线客机，在此之前国内还没有哪一架飞机是按照这样严酷的适航标准进行设计与验证的。相应的，ARJ21 飞机的安全性标准比国内设计的其他飞机都要高，适航取证的难度也更大。

在飞机研制和适航取证过程中始终有一个代表公众利益来严格考核飞机各项程序、工艺、性能、指标等是否符合民航运行安全性标准的机构，可以统称为"局方"。在中国，这个机构就是中国民用航空局（CAAC）；在美国，这个机构就是美国联邦航空管理局（FAA）；在欧洲，这个机构就是欧洲航空安全局（EASA）。任何一架民航客机要在局方所管辖的空域飞行，就必须取得该局方要求的适航标准认证，这个过程就叫作适航取证。取证不仅要求试验结果达标，过程和程序也都必须符合安全性标准。打个比方就是，不仅看你是否答对了试卷上的题目，连你用什么样的笔、按什么顺序答题也在考察的范围之内，严苛程度可想而知！

ARJ21飞机为了能够尽早取得美国和欧洲的适航认证，引入了FAA的"影子审查"机制，可谓用最猛烈的火焰来淬炼真金。CAAC正是以ARJ21飞机适航审定为平台，向FAA证明在运输类飞机适航审定方面，CAAC与FAA具有相当的水平。为此，CAAC邀请FAA通过观察其对ARJ21飞机适航审定的过程来评估CAAC运输类飞机的适航审定能力。这种观察和评估过程即为"影子审查"。对于"影子审查"，从其目的性来看，并非是对产品的直接审定，而是对局方适航审定能力的综合评估。根据CAAC与FAA协商的适航审查路线图，在CAAC颁发型号合格证的基础上，FAA通过对该项目进行"影子审查"，颁发其相应的型号合格证。FAA"影子审查"中最关键的一项就是对CAAC的每一名审查代表的适航审定能力进行评估，在FAA选定的每一次现场目击项目中，FAA都会像"影子"一样跟在CAAC审查代表的后面，对他们在审查过程中的所有活动和表现出的适航审定能力做出评估，很多时候，他们还会出一些题目来考一考CAAC的审查代表，每一项评估结果都会作为中美两国是否能够签订适航双边协定的关键因素。这种"站在背后的监督"给每一名 CAAC 的审查代表都带来了压力，也导致他们在进行审定的时候非常谨慎甚至有些保守。

全生命周期的照料——客户至上的服务

中国商飞在成立之初就明确认识到，民用大型飞机的成功不仅面临技术挑战，更要获得市场和客户的认可。面对全球大型客机的市场环境，客户服务能力对于制造商的发展显得举足轻重，是赢得市场的重磅砝码。我们普通人在日常生活中越来越多地接触"客服"这个角色，不仅可以咨询办理各种业务，而且可以投诉自己不满意的产品使用体验和销售服务环节，有时还能够得到商家的补偿或奖励。大飞机的客服可远没有接打电话的客服专员这么简单，更准确地说是为运营飞机的航空公司提供贯穿飞机全生命周期的技术和延伸保障，为运营方解除各种后顾之忧，让大飞机产品在具备性能优势的同时，其服务保障方面也更具有吸引力和市场竞争力。

通过 ARJ21 飞机的成功商用，大飞机客服也已形成了一整套服务内容和保障经验。在位于上海紫竹国家高新技术产业开发区的上海飞机客户服务有限公司内，有一间飞行监控大厅，它不同于航天发射或者试飞运行的指挥大厅，大屏幕上显示的是我们熟悉的中国地图，以及地图上每一架正在运营中的 ARJ21 飞机。飞机的主要状态和重要参数都会实时传输到监控大厅，让生产方的工程师们能够与航空公司飞行控制中心的人员一同关注和了解每架飞机的健康状况，以便做出及时的调整甚至是应急的反应。而这只是客服中心的一部分日常工作。

"制造商卖的不只是一架飞机，而是以飞机为核心的整套服务"已成为国际知名飞机制造商的高度共识。为此，客服的业务涵盖了从飞行员、空乘、机务工程师等工作人员的技能业务训练考核；到 7×24 小时飞机抢救、抢修、地面支援和航线维护、维修、改装等工作所需的航材支援服务；再到提供飞行运行监控产品和电子飞行包（EFB）等相关技术支持，及时向客户交付与飞机技术状态相符的技术出版物，提供全生命周期内的更改更新、翻译和培训；直至普通企业客服都具有的客户支援服务工作。中国商用大飞机的战略宗旨就是通过先进的技术和高质量的服务来创造"航空公司乐意买、飞行员乐意飞、乘客乐意坐"的中国客机，在全世界的蓝天上书写中国航空工业的卓越篇章。

2016 年 6 月 28 日，成都航空公司 EU6679 航班搭载 70 名乘客，从成都飞往上海，这是 ARJ21 飞机的首次载客商业飞行，也是中国自行设计制造的喷气式飞机的首次载客商业飞行。从此，中国的天空中就有了我们自己的一席之地！我们更坚信，上海飞机客户服务有限公司的监控大屏上不久便会从中国地图变成世界地图，看到"阿娇"在全世界飞翔。

ARJ21飞机12年的研制和取证之路，创造了中国民航工业和世界民用航空试验试飞的许多新纪录，不仅攻克了鸟撞试验、全机高能电磁场试验、闪电防护间接效应试验等一大批重大试验课题，掌握了失速、最小离地速度、自然结冰等一大批关键试飞技术，使用了一大批新技术、新材料、新工艺，而且积累了重大创新工程项目的管理经验，探索形成了一条"自主研制、国际合作、国际标准"的民机技术路线。我们按照中国特色与国际惯例相结合、产品研制与产业化相结合的原则，采用"主制造商－供应商"模式、"风险共担、利益共享"的合作机制，充分发挥国内现有资源，调动社会各界力量，开展大型客机项目研制工作。商业模式的创新，成为ARJ21飞机获得成功最重要的前提。

截至2023年1月底，中国商飞已向国航、东航、南航、成都航空、天骄航空、江西航空和华夏航空等客户交付100架ARJ21飞机，累计运营320多条航线，通航110多座城市，安全运送旅客近600万人次。C919大型客机已取得中国民航局颁发的型号合格证，交付首家用户，即将投入航线载客运营。CR929远程宽体客机已基本确定总体技术方案，正在开展初步设计工作。"让中国的大飞机翱翔蓝天"的光荣与梦想，已经从"阿娇"开始绚烂绽放！

第 6 章

翱翔蓝天：
C919 的飞天之路

C919——中国首款按照国际通行适航标准自行研制、具有自主知识产权的喷气式干线客机，凝聚了无数国人的期待和几代大飞机人的心血，首架机已交付，即将投入运营。C919作为首款干线大飞机"明星机型"，前有ARJ21飞机蹚出的一条"血路"，后有CR929接力延展的等待。C919的每一次亮相都是新闻的焦点，街头巷尾人尽皆知。备受关注的背后，是C919研发、设计、生产、试飞、销售、客服等各个环节的协同创造，要将这项系统工程高效率推进，任何一环都不能出现短板。

6.1

从零到一：
孕育崭新的生命

"C"这个字母对中国大飞机有着特别丰富的含义，它既是英语单词"China"的首字母，也是中国商用飞机有限责任公司英文缩写"COMAC"的首字母。中国大飞机就在情理之中采用了 C 来开启自己的"家族姓氏"，其中的大兄弟就是我们耳熟能详的 C919。2017 年 5 月 5 日，全世界共同见证了中国大飞机从零到一的飞跃，为了这一刻的到来，中国航空人经历了无数磨难和险阻。

型号研制的试验台——永不上天的"铁鸟"

如今不管是研制哪一种型号的大飞机，都要经历原型机、试验机、试飞机、交付机等多个阶段，投入成本巨大，当然成功之后的商业利益也非常可观。其中有一个类型的试验机是公众所见的试飞机的"孪生兄弟"——铁鸟试验台。这是一只极其低调的"神鸟"，它永不飞上天空，而是潜伏于地面，它最大的诉求和理想就是在地面开展飞机系统的集成验证，解决设计问题，不把疑问和隐患放飞上天，它被叫作"铁鸟"。铁鸟试验台全称是"飞控液压系统综合试验台架"，是飞机系统综合、优化设计、适航取证和交付运营、持续适航必不可少的关键试验设施。一般来说，铁鸟试验台按照飞机的尺寸进行建造，其上的液压管路布置、零部件安装位置、机械安装接口等与真实飞机一致。在铁鸟试验台上开展的试验统称为"铁鸟试验"，主要包括功能试验、性能试验、接口试验、故障试验等多种试验项目。从型号研制过程来说，铁鸟试验台承担着系统级研发验证、多系统级集成验证、飞机级综合验证以及系统适航验证等多个任务，为飞机系统集成、试飞安全、试飞排故、型号改进等提供重要保证。

"铁鸟"都是固定在地面上执行这些试验任务的，不用像试飞机那样经历风吹日晒、严寒酷暑的考验，但它却要对所有上天的飞机负责。每一个机械动作都要在"铁鸟"上精准无误地反复再现，控制系统软件也必须先在"铁鸟"上完成无数次的运行调试。通过试验，一方面确认系统的功能与性能，另一方面"暴露"设计中可能存在的问题与隐患。对所有的设计和改进，"铁鸟"都会用最真实的数据告诉工程师：行或是不行。系统的综合和验证过程就是一个暴露问题、发现问题、解决问题的过程，"铁鸟"上的所有试验都是为了能让飞机更加安全地飞行，把所有问题留在地面是"铁鸟"的终极使命。计算机设计的飞机系统无比复杂，因此如何确认和排除故障也就变得非常重要，有超过几千万行的数据代码在运行，在实际飞行之前必须排除可能的故障并完成系统融合。

已经投入商业运行的 A350 机型是空客公司最新投放市场的宽体远程客机，它的"铁鸟"如今依然静静地待在法国图卢兹的生产基地内。A350 的"铁鸟"位于距离总装线 10 分钟路程、面积为 2 400 平方米的机库内，耗费约 100 人才建造完成，但只需要 10 人就可以操作。工程师们可以站在一条中央通道和两个侧面露台上观察监控测试过程。现代飞机的价值有一半在于控制系统，从机翼到起落架、刹车控制，"铁鸟"可以帮助改进飞机在这些方面的硬件和软件问题，并应用到测试中的设备上。

灵活拼搭显身手——C919 的"铁鸟"

一直以来，"铁鸟"都是型号研制的先行者。几乎所有飞机在首飞前，都要在地面进行铁鸟试验，"铁鸟"从设计之初就在和时间赛跑。国际上，一个新型号的铁鸟试验台一般在飞机首飞的前一年交付使用，如果等到飞机都设计好了才开始铁鸟的设计，必然赶不上工作节点。

空客公司自 20 世纪 70 年代研发 A300 飞机之初，就开始引入铁鸟试验台。A350 的铁鸟试验台自 2010 年投入使用，远远早于第一架飞机的制造时间。A350 的大部分内部传动结构都在铁鸟试验台上模拟测试过。波音也有类似的测试设施，20 世纪 90 年代波音开始使用铁鸟试验台来评估波音 777 飞机。在那之前，电子设备、发动机、飞行控制系统和机械、电气、液压系统都要等到飞机进行地面测试时才能进行完整的协调测试。然而，波音并没有为波音 787 "梦想飞机"建造传统样式的铁鸟试验台，而是在各个实验室之间分开建造了一架"虚拟"的飞机，通过计算机相连。这使得工程师能够更好地与分布在各地的零部件制造商联系。这可能是未来飞机研制的新趋势，但对中国大飞机而言，我们先得走通"经典"路线，造出自己的"铁鸟"。

翻开我国民机"铁鸟"发展的历史，20 世纪 70 年代，第一个铁鸟试验台建成，它是为"运十"研制的。到了 21 世纪初，ARJ21 飞机的铁鸟试验台诞生了，它是第一架集飞控、液压、起落架系统为一体且安装了驾驶舱视景系统的系统综合铁鸟试验台。C919 的铁鸟试验台是继"运十"和 ARJ21 飞机后中国第三个民机铁鸟试验台。

虽然不上天，但"铁鸟"的研制也绝非易事！"铁鸟"的研制是一项必须与飞机研制高度并行的工程，其研制之难也正体现在"并行"二字上。"铁鸟"骨架是由一根根立柱、一段段横梁搭起来的大铁架子，它上面是模拟机舱，下面是系统真实部件，骨架太小或太大都会影响系统试验的真实性，因此，"铁鸟"骨架必须等飞机结构图完成后才能定型。"铁鸟"骨架的设计工作大约需要 3 个月，随后的制造、安装、调试至少需要 8 个月，如果等到结构图全部完成才开始"铁鸟"的设计生产，将会影响研制进程。所以，在 C919"铁鸟"的研制过程中，工程师们想出"模块化"的方式来解决这个问题，即将整个铁鸟"切"成若干块，飞机机体结构设计完成一块，铁鸟骨架就设计生产一块，最后把所有模块像搭积木一样拼到一起。这样还兼顾了飞机机体结构设计更改的可能性，如果哪一部分发生了设计更改，就修改铁鸟相应的模块，这样可以把更改成本降到最低。

2013 年 12 月 30 日 9 时 19 分，在这个蕴含特殊寓意的时刻，随着 C919"铁鸟"开试指令的下达，中国商飞上海飞机设计研究院铁鸟大厅随即传出了机器的轰鸣声和人们的欢呼声。C919 的铁鸟试验台在经历了三年多的艰辛攻关，完成了和时间的赛跑后，终于迎来开试。这个有着漂亮精致的机舱、外形与真机差异不大的铁鸟试验台有着延展的双翅和高翘的尾巴，仿佛一只振翅待飞的雄鹰。C919 的铁鸟试验台在总体设计思路上沿袭了 ARJ21 飞机的铁鸟试验台的成功做法，并在此基础上探索创新。C919 的铁鸟试验台按与真实飞机 1：1 的比例进行设计，使飞控、液压、起落架系统的机械安装接口和飞机一样，保证了系统试验的真实性。

其实在 C919 的铁鸟试验台旁边，还有进行发电和配电等供电系统测试的"铜鸟"，同样 1：1 还原机上真实状态进行设备安装。"铁鸟""铜鸟"连同被称为"电鸟"的航电系统测试平台，最终将全部连起来合为一体，从而形成"三鸟联试"来模拟飞机状态。在试飞机总装下线和飞上蓝天之前，试验人员就在这些设备上对飞机的系统进行分析、验证、调试；对试飞过程中发生的故障和特情，也需要在这些设备上复现和排除。

中外混血——为了合成最佳的"基因"

通过之前的介绍，不难发现C919确实不是中国商飞单凭一己之力造出来的大飞机，而是举全国和全球航空工业力量共同研制而成。从大飞机项目立项到首架机总装下线，再到首飞成功，一直都有人在质疑C919选择全球如此众多的供应商，特别是一大批海外供应商，那还何来的自主知识产权可言？国产大飞机是否真的名副其实？面对这种声音，中国大飞机始终坦然以对。一方面，主制造商中国商飞决定了整架飞机的设计性能和零部件要求，国外供应商是按需定制中国客户的产品，设计、制造、调试、改进等生产和服务环节都围绕主制造商展开；另一方面，国外供应商在一些关键技术和零部件上对欧美的适航标准掌握得更加透彻，在定制中国大飞机所需条件时能充分考虑这些标准，有助于将来中国大飞机进入国际市场取得欧美国家的适航证。对航空公司和老百姓来说，飞机的经济性、安全性、舒适性才是评判好坏的重要标准，要把数十家供应商提供的产品最后整合到一架飞机上，这样大规模和高难度的系统工程难道还不是名副其实的国产和自主知识产权？从设计研发到总装下线，进而实现首飞，中国商飞用了9年。这架大飞机也串起了国内外一条完整的飞机制造产业链——全国20多个省市、1 000多家企事业单位、近30万人参与了C919的研制工作。其中有航空工业、宝武钢铁等国字头的央企，有专注于装备制造的民企，还有美国通用电气公司（GE）、霍尼韦尔（Honeywell）等国际巨头。其中，C919的主体部分多为中国制造，而发动机和航电系统则融入了外方技术。

单从C919飞机外观可见的各个大部件来看，就分别是在不同的飞机厂制造的，包括机身、机翼、尾翼、起落架、发动机这五大部件。

C919的机身可不是一次成型的，而是像拼接积木一样分段制造最后总装的，其实波音和空客的大飞机也是如此。这样的制造方式能够为航空工业的产业链提供最有效的牵引，这也是我们一心要做成大飞机很重要的原因。与此同时，让最擅长的人干最对口的活，也是实现质量和效率保障的最佳解决之道。C919的机身还分为机头、前机身、中机身、中后机身、后机身前段、后机身后段和舱门七个大部件，分别由国内的成飞、洪都、西飞、航天海鹰等航空工业企业负责制造。机头来自成飞民机，这家企业也是波音787的方向舵组件、波音747-8的扰流板、A350宽体飞机的扰流板及下垂板的供应商。2014年7月31日，C919首架机机头部段在成都下线。前机身和中后机身来自航空工业洪都，它也是 C919 前机身和中后机身的唯一供应商，工作量占机身制造总工作量的 25%。C919 的中机身（包括中央翼）是由中航西安飞机工业集团股份有限公司生产的。中机身是机翼与机身连接的部段，全长 5.99米，宽 3.96 米，由中机身筒段、龙骨梁、中央翼等组成，是全机结构载荷传递的中枢，其重要性和制造难度不言而喻。后机身前段来自沈飞民机，后机身后段则来自航天海鹰，即中国航天科工三院航天海鹰（镇江）特种材料有限公司，后机身后段是水平尾翼等的安装区，大量使用复合材料，全长 2.35 米，重约 260 千克。前舱门、后舱门和应急离机门，都由航空工业洪都承制。C919 的机翼是由西飞装配的，与中机身同出一门也更加有利于机翼与机身的整合。此外，机翼后缘副翼襟翼也是西飞制造的，复合材料用量近 70%。尾翼包括垂直尾翼（机尾印有航空公司标志的部段）和水平尾翼。其中垂直尾翼来自沈飞民机，包括垂直安定面和方向舵，除重要的连接接头为钛合金零件外，绝大部分零部件使用复合材料。水平尾翼则由中国商飞自家的子公司——上海飞机制造有限公司承担全部零件工装制造、全部金属零件生产和大部分复合材料零件生产工作，同时还得到哈飞、成飞民机等的大力支持。起落架系统来自利勃海尔中航起航空（长沙）有限责任公司，该公司由中航飞机起落架有限责任公司与德国利勃海尔宇航林登贝格公司共同组建，为 C919 和 ARJ21 生产起落架。发动机在上一章中已做详细介绍，目前主要来自 CFM 国际发动机公司，未来则寄厚望于中国航发商用航空发动机有限责任公司。

除了外观可见的这五大部件外，C919 的内部也相当"有货"。霍尼韦尔、罗克韦尔－柯林斯、派克宇航、凯德宇航等众多国际知名厂商为飞机的航电、飞控、雷达、燃油等各个系统提供了直接的产品支持或技术咨询，其中也有专程到中国寻找合作伙伴成立合资企业，参与中国大飞机的研发制造的企业。

2015 年 11 月 2 日，C919 大型客机首架机在中国商飞新建成的总装制造中心——浦东基地厂房内正式下线。之后，人们就一直在翘首以盼首飞的到来。

6.2

首飞成功:
开启中国航空制造新时代

　　一个新机型的首飞,往往被喻为"横空出世",这是继飞机总装下线之后的又一次闪亮登场,也是这个机型最高光的时刻! 近十年来,空客、波音两家不断研发的 A350、A320neo、A330neo、波音 787、波音 737 MAX、波音 777X 等新机型的首飞无不得到举世关注,也成了航空迷们眼中的"盛宴"。2017 年 5 月 5 日下午,在上海浦东国际机场第四跑道,C919 也迎来了这个举世瞩目的精彩亮相!

中国大飞机再出发——震撼世界的完美呈现

　　C919 首飞无疑是中国乃至世界的一个重大新闻事件,是我国民用航空工业发展的重要里程碑。首飞的相关信息一经披露,各国各路媒体就已经提前开始密集报道,航空爱好者们更是早早地去浦东机场围墙外"选址",争相亲眼见证这个伟大的历史时刻! C919 的首飞不仅是一个新的商用飞机型号的首飞,还是几代中国航空人数十年梦想和心血的起飞，更是代表着中华民族伟大复兴中国梦的一张闪亮名片。然而，飞机"首飞"既是一个极具显示度和广告效应的时刻，也是一个极具风险和不确定性的时刻，每一个环节都要做到紧密配合、天衣无缝。

净空待命——致敬中国大飞机

为了保证新机型首飞时的公众安全，机场上空必须留有足够的空域，机场内则需要暂停地面作业。这对空客、波音等制造商来说并非难事，他们的总装基地紧邻的机场都是远离交通枢纽城市的地区，空域资源也并不紧张，航路较为宽松，并且从制造商到空管到保障团队，都已经有非常成熟的经验。而C919的首飞是世界上第一次在年客流量超过7 000万人次的国际机场开展首飞活动，并且首飞空域江苏南通地区上空平时也是繁忙的航路。不仅首飞主要空域在南通，而且首飞主要备降机场也选在了南通兴东国际机场。因此，备降机场当天也是随时待命的状态。这样一来势必会影响很多正常航班的飞行，但公众对于C919首飞的期待已经远远超过延误所带来的困扰。当民航部门提前一天发布浦东机场5月5日下午大面积航班延误红色预警时，大家似乎都已经感受到了这个特殊时刻的临近。

为保障大飞机测试、首飞的绝对安全，浦东机场预先评估了空域管制对航班计划的影响，主动提前与民航主管部门沟通，提供占用时段受影响航班的计划列表，调减一批浦东机场抵离航班。为了将受影响航班数量降到最小，浦东机场启用了航班流量恢复精细化管理手段。首飞当天，机场与空管部门加强空中流量协调，向全国空管系统争取流量资源，精细化设置首飞影响时段，加快了首飞结束后航班的恢复进程。当 C919 顺利降落第四跑道，圆满完成首飞任务之后，仅仅过了不到 7 分钟，东航 MU565 航班就从浦东机场第 1 跑道腾空而起，浦东机场迅速恢复了航班正常起降。

此后，浦东国际机场作为中国商飞 C919 总装制造基地的指定机场，先后承担了 C919 飞机第 2 架到第 6 架试飞机的首飞任务，也多次见证了 ARJ21 飞机的平稳起飞和降落。当然，后续架机的首飞就没有第一次这么隆重了，也都尽量选在了早晨航班数量较少的时段进行，将对机场运行的影响降到了最低。

舱内直播——全球首创

收看首飞电视直播的观众当天都感觉像在看载人航天的火箭发射一样，不仅能看到飞机滑行、起飞、降落的全景，还能实时观察到首飞机长蔡俊在驾驶舱沉着操纵飞机的画面，包括前起落架离地、着陆的瞬间等。在全球范围内破天荒地直播飞机驾驶舱、起落架、驾驶舱显示器等画面，这是世界上任何飞机制造企业都没有尝试过的，包括我们一直在努力追赶的空客和波音。驾驶舱直播画面让我们实现了超越，引得航空爱好者一片赞叹。这个创举确实既是技术实力的表现，也是中国自信的展现！

这种自信首先体现在技术层面。直播意味着没有出错的空间，更没有补救的机会。此次用于保障 C919 大型客机首飞的机载视频采集记录及传输系统由 11 个机载高清摄像头、3 台高分辨率采集记录器，以及机载视频千兆网络交换机、机载多视频传输编码器、网络视频数据记录器、视频智能检测控制器、驾驶舱话音转换器等设备组成。这 11 个机载高清摄像头是一款从传统模拟视频过渡到高分辨率的数字化机载摄像头。与民用摄像头有很大不同，机载摄像头对环境温度、振动、电磁兼容性、防水防冰及安装方式等均有着非常严苛且特殊的要求。

首飞机组——顶配"天团"

可以说能被选中安装上首飞飞机的装备，都绝非"等闲之辈"！更何况是首飞机组的配置，这也是自信的另一个体现。C919 的首飞机组共有 5 人：机长蔡俊、副驾驶吴鑫和观察员钱进都是飞行员出身，如今他们有着更闪亮的称谓——试飞员；马菲和张大伟则都是试飞工程师，来自一个不足百人的充满青春活力的青年试飞工程师团队。

机长蔡俊和副驾驶吴鑫，飞行时间均超过 1 万小时，均为 75 后，年龄相差一岁。观察员钱进有 30 多年的飞行经验，飞行时间超过 2 万小时，曾经担任中国国际航空公司培训部总经理，带出了一大批优秀的民航飞行员，他本人也是我们国家的功勋飞行员。观察员被称为"第三只眼"，由经验丰富的老试飞员担任，从专业角度观察飞机和试飞员的一举一动，查找问题。他们三人原本都已经进入民航飞行员的稳定期，职位高、收入高、地位高、生活富足，是各自公司飞行员中最令人羡慕的群体，也是同龄人中的佼佼者。尤其是观察员钱进，身为企业高管又深得晚辈们的爱戴，可以说是完全的"人生大赢家"。从飞行员转行到试飞员，需要勇气，更需要信念。然而，中华民族的大飞机梦就这样把他们吸引到了一起。

如果说试飞员是"刀尖上的舞者"，那么试飞工程师就是这出"空中舞剧"的编导，双方的配合至关重要。在试飞前，试飞工程师要编写试飞大纲、测试任务书等，具体怎么飞，要飞哪些试验点，飞行时候的气象要求、机场要求以及相关保障，全部都要写清楚。而到了飞行过程中，试飞工程师还要与飞行员并肩作战，有时甚至要直接站在驾驶舱内，实时为飞行员提供信息与指导。试飞结束后，试飞工程师还需要对试飞的各项数据进行专业分析，进行航后讲评并编写最后的试验报告。首飞机组中的试飞工程师马菲和张大伟同为试飞中心首批送去南非培训的试飞工程师，两人在写毕业论文时，就一起进行任务设计。2012年，两人还一起参与了ARJ21飞机的阎良跟飞任务，结下了深厚的"革命友情"。首飞时，试飞工程师坐在客舱的监控台处，承担任务指挥、安全监控、与试飞员具体沟通的工作。两人如何分工？张大伟主要向试飞员"下达"任务，在每一个试验点前，他都会告知试飞员操作步骤、具体要点、安全须知、风险预案，尽管这些试飞员已经背得滚瓜烂熟了，但每一次告知，都相当于一道"确认"步骤，确保机上五个人对试验点的理解是一致的。马菲则主要记录试飞员做得怎么样，他的一个操作会使飞机有什么样的反应，是否会产生故障，飞机有没有发出预警等。这种分工合作可以形象地比喻为"输入和输出的关系"。

伴飞机组——始终有你

在 C919 起飞之前，浦东国际机场的跑道上已没有了其他飞机的身影，唯独东航的一架公务机当天先于 C919 升空，执行了一项特殊任务——伴飞。当天电视观众看到的 C919 巡航时的画面，都是从这架公务机上拍摄到的。

按照国际惯例，民用客机首飞时，一般都会安排至少一架飞机伴飞，伴飞飞机会先于首飞飞机起飞，提前进入首飞空域，实地了解首飞高度层的风、温度、云况等气象条件，及时将有关信息通知地面指挥，首飞飞机根据这些信息做好飞行前准备工作；同时，乘坐伴飞飞机的工程技术人员会近距离监控首飞飞机的飞行状态，对飞机的外观进行观察，机组间进行通话沟通，为首飞飞机提供高度和速度参考；在确保安全的前提下，伴飞飞机也是在空中拍摄首飞飞机的最佳独家机位。

C919 的这架伴飞飞机编号为 B3293，在 C919 起飞前提前进入首飞空域，沿着首飞航路飞行了一次，实地了解了航路气象实况，并及时通报地面指挥系统，为 C919 起飞做好探路工作。在飞行阶段，C919 首飞机组呼叫伴飞飞机 B3293 机组在指定空域会合，伴飞机组根据机载空中交通告警与防撞系统（TCAS）显示画面确定了 C919 飞机的位置，并按程序会合。整个伴飞过程中，伴飞飞机始终在 C919 飞机的右后上方，最小的空间安全间隔为垂直间隔 600 米、水平间隔 900 米、前后间隔 300 米。这个间隔对在空中高速飞行的飞机来说已经非常小了。伴飞飞机与 C919 在同一空域飞行并保持通信，为后者提供高度和速度参考，伴飞飞机上的试飞工程师则对 C919 的飞机外观（舵面、起落架、漏油情况等）进行观察，对飞行姿态进行监控，伴飞飞机上的其他工作人员对 C919 首飞进行了拍摄和现场直播，保留了首飞影像及相关资料。整个伴飞工作按照预定方案进行得非常顺利，取得了圆满成功。东方公务航空为此次光荣的伴飞任务做足了充分准备，不仅提前确定了 B3293 公务机作为伴飞飞机，还将 B3295 公务机作为备份飞机，机务维修部门对 2 架飞机进行了细致检查，确保飞机完好。为实时传输 C919 首飞影像，公司对 2 架飞机的 WiFi 设备进行了升级，并先后 3 次进行演练，满足了现场直播的需要。伴飞机组与 C919 首飞机组先后多次对伴飞方案进行讨论，对首飞空域、伴飞原则、起飞阶段任务、空中阶段任务、进近着陆阶段任务、应急处置原则等进行了明确，伴飞方案做到面面俱到。伴飞机组先后进行了 2 次伴飞演练，确保伴飞工作万无一失，这也使得 C919

首飞机组飞得更有信心、更有保障。

安全飞行包线——生命的边界线

飞行包络线，是指以飞行速度、高度、过载、环境温度等参数为坐标，表示飞机飞行范围和飞机使用限制条件的封闭几何图形，也因此得名"包线"。民用运输机使用以下四种飞行包线：平飞速度包线，主要给出不同高度所允许的平飞最大速度和最大马赫数；速度过载包线，主要给出不同飞行速度对应的最大允许气动过载；突风过载包线，给出遇到突风时不同飞行速度允许的最大过载；飞行高度与环境温度包线，给出不同飞行高度下允许的飞行环境温度范围。飞行包线给出飞机在飞行时速度、载荷、温度等方面的限制范围，是飞机安全飞行的重要依据。飞机类型不同，所受的限制条件不一定相同，飞行包线自然也不相同。即使是同类型飞机，使用的发动机不同，飞机气动外形不同，飞行性能不一样，飞行包线的形状也不相同。通俗地说，飞行员只要在包线范围内操纵飞机，基本上不会发生意外事故，这也是飞行安全的"生命线"。但是，对试飞员而言，就是要飞出包线、拓展边界，证明飞机的性能其实更好，适用的场景也更多。

飞机在设计之初，根据气动外形和发动机性能就能够大致勾画出其设计包线。而后通过试飞员的试飞验证，一一确定设计包线的每项参数和结论是准确的、稳定的。但在新机型验证的过程中，可能出现由于自然条件没有满足取证要求而缩小了设计包线的情况，那局方也就必须限定进入运营的机型只能在特定气象和区域条件的限制范围内运行。制造商为了突破限制达到设计标准，从而能够扩大销售市场，就必须在后期继续完成扩展试飞验证，也叫作扩包试飞。ARJ21 飞机经历的大侧风试飞就是这样一种试飞。

ARJ21 飞机起飞和着陆抗侧风能力的设计目标值分别是 30 节（1 节 =1.852 千米 / 小时）和 27 节。在进行冰岛大侧风试验之前，ARJ21 在 2010 年到 2013 年间累计安排了 143 天的大侧风试验。但遗憾的是，受国内气候、天气、跑道朝向等方面限制，侧风飞行时间仅有 28 小时 46 分钟，其余时间都是在等待。在中国民用航空局认可的层面，ARJ21 飞机只完成了最高 22 节侧风的验证。在进行冰岛试验前，投入商用的 ARJ21 飞机按照这一限制安排运营。当然，22 节的限制对于国内运营已经足够，毕竟那是专业试飞团队在国内千辛万苦才寻找到的最极端天气。但是，我们的 ARJ21 飞机终要飞往天气更加复杂多变的地区，同时也希望充分证明飞机具有强劲的适应能力，因此更强侧风条件下的试飞依然是必选项。ARJ21 飞机选择先投入运营，再补充完成拓展试验科目的发展之路。

2018 年 3 月 26 日，ARJ21 飞机执行 1 架次局方审定试飞，完成 6 个起落，起飞平均侧风速度为 38.4 节，着陆平均侧风速度为 34.9 节，验证到的最大风速为 48.7 节，达到设计目标值，侧风包线扩展审定试飞取得圆满成功。

至此，ARJ21飞机最后一项特殊气象环境运行限制被解除，飞机具备了在高原、高寒、高温、高湿、自然结冰以及大侧风等全部特殊气象环境下的运营能力，并全部通过局方审定。在大飞机的取证过程中，会遇到很多的困难和意想不到的挑战，但只要坚定信念、勇敢坚毅地前行，大飞机梦就一定能够实现。

翱翔蓝天：C919的飞天之路

6.3

取证之路：
地面与空中验证试验

大飞机作为一件价格不菲的昂贵商品，跟汽车、轮船等交通工具一样，必须都要有"产品合格证"才能买卖和使用，这个不难理解。但大飞机作为一件极其特殊的大件商品，又岂是发一张"产品合格证"这么简单的！其实从设计阶段开始，一架大飞机就进入了生命的"搏击"，要想满载乘客飞上蓝天，必须先要"披荆斩棘"、冲破"十八铜人阵"般的严酷考验才行。

三证齐全——大飞机必须"根红苗正"

适航性是航空器及其部件能在预期的环境中以及限制条件下安全起降、飞行的固有品质，这种品质是能通过合格的维修得以持续保持的。适航取证是确保飞机满足按公众要求制定的、可接受的最低安全标准的管理和技术实现过程：飞机必须按照适航要求进行设计；必须有合适的体系保证飞机的设计满足适航要求；申请方（飞行器制造商）必须用计算、分析、检查、试验等方式向局方（民航管理部门）表明其大型客机符合适航要求。适航证是大飞机安全性能的"保证书"，是其走向市场的"通行证"。只有经过适航审定和验证并取得适航合格证的产品才能进入市场。

按照国际惯例，民用飞机从设计生产到投入使用，要完成型号合格审定、生产许可审定和运行许可批准三个主要环节，取得适航当局（即飞机运营商所在国家和地区的航空管制机构）颁发给飞机制造商的三个证件，以表明飞机的设计和制造均符合适航要求。这样买家才能放心买，乘客才能安心坐。C919要进入市场，也必须按照航空规程先后拿到这三证。

首先是型号合格证（TC），这是适航当局根据适航规章颁发的，用以证明民用航空产品的设计符合相应适航规章和环境保护要求的证件。飞机的安全性设计是由TC来认可的，所以叫型号合格证。所谓"合格"，是指飞机的安全性设计符合适航规章所规定的最低安全标准，中国民用航空局（CAAC）是按照中国民用航空规章第25部《运输类飞机适航标准》来对飞机型号进行审定的。型号合格证实际上是民航局给飞机颁发的一个研制许可证，是对飞机设计方案的批准。对于在生产国销售的飞机只需要型号合格证，但要跨国购买飞机还需要多一张"绿卡"，即适航当局的型号认可证（VTC）。举例来说，波音由美国联邦航空管理局（FAA）颁发型号合格证，但是波音要把飞机出口到中国来，中国民用航空局同样要对这个型号合格证进行认证，颁发型号认可证，经过这个过程波音才能把飞机销售到中国来。

其次是生产许可证（PC），生产许可审定是适航当局对飞机制造符合性的批准。"制造符合性"是指航空产品和零部件的制造、试验、安装等符合经批准的设计。生产许可证就是当地的民航局颁发给飞机制造厂商的一个证书，允许该厂商生产该型号的飞机。

以上两证是"一型一证"，即每一次飞机设计型号改变就意味着要从头来过，飞机制造商想生产多少种型号的飞机就得有多少套 TC 和 PC。

最后就是航空器适航证（AC），也称"单机合格证"，是适航当局对每架飞机制造符合性的批准，也就是"一机一证"。所申请的航空器经检查，在确认其符合经批准的型号设计，并处于安全可用的状态后，即可获得航空器适航证。适航证是由飞机运营商所在国颁发的，比如中国的航空公司买进来的波音或者空客飞机，每一架都要有中国民用航空局给它单独颁发的适航证。

三证的背后是一系列严肃的安全标准和规范程序，大飞机在"考证"的过程中可以出现失误，然后"复习"和"重考"，但必须每一个科目和指标都严格达标才算通过，才能最终从制造厂的机库中"毕业"。

苦行修炼——大飞机的试飞验证

每一款新机型在交付给航空公司之前都会接受一些残酷的飞行试验，一方面要在实践中根据飞行参数改进设计和工艺，另一方面也可以全面考察飞机的安全性能。任何一个新型民用客机的试飞验证历程都不会是一帆风顺的，其中必然充满无数艰辛和汗水。民机试飞验证是一项非常复杂和艰辛的工作，就连波音和空客这样拥有丰富的设计、制造和试飞经验的团队，也需要近两年的时间来完成一个型号的试飞验证。并非适航当局故意刁难，实在是对大飞机的安全等性能必须有"百万无一失"的把握才可以放行，而这些"极限挑战"的重重考验，大都源自历史上的那些航空事故，都是用血泪和生命换来的！

空客的 A380 客机在试飞验证阶段共投入了 5 架原型机，累计进行了 1 995 架次、2 900 多个飞行小时和超过800 个试飞科目的试飞验证，历经了 19 个月的时间，最终于 2006 年 12 月 12 日获得了 EASA 和 FAA 的型号合格证（TC）。

波音 787-8 客机则采取了高密度的取证试飞验证安排，先后连续动用了 7 架原型机进行试飞验证，直到 2011年 8 月 13 日，ZA102 号原型机完成了最后的系统功能和可靠性试飞验证后才最终宣布试飞验证结束。整个高密度试飞验证持续了近 20 个月，7 架原型机累计进行了 1 155 架次、3 056 个飞行小时的试飞验证。

ARJ21 飞机在取得型号合格证之前已累计安全飞行 2 942 架次，5 258 个飞行小时，完成适航取证试飞总时长超过波音 787，成为世界上试飞时间最长的一款民航喷气式飞机。

C919 项目共投入 6 架飞机同步进行试飞取证，尽可能加快和保障取证的进度。2022 年 9 月 29 日，C919 大型客机完成全部适航审定工作，获颁中国民用航空局的型号合格证。

由此可见，飞机能飞上天并不意味着可以进入市场，必须经过异常艰苦、充满风险的适航取证过程，飞机才能获得通往蓝天的"通行证"。事实上，只有通过试飞暴露问题，并加以解决和不断完善，走向市场的飞机的质量才是合格的、过硬的。局方审定试飞是民航管理部门组织的考核性试飞，目的是考核飞机是否满足适航标准，检查适航取证试飞的结论是否正确。研发试飞和局方审定试飞是可以按照试飞科目的成熟度交叉进行的。有些试飞科目要"看天吃饭"，特别极端的气象条件并非一直存在，如果不是民航局参与的审定飞行，哪怕表现再好，当次的数据也不能用于民航飞行标准的制定。飞机制造商和民航局的关系，就像运动队和裁判。前者选手内部训练成绩再好，在后者看来都是没意义的，只有正式比赛才算数。

探寻飞行中最危险的点，是试飞的重要目的。失速、27 节正侧风、发动机停车……这些航空史上几万飞行小时才可能出现一次的小概率事件，是试飞员们经常要主动去做的试验。

自然结冰——云中安全飞

自然结冰试飞一直以来都是飞机取证中至关重要的环节，用来验证在结冰气象条件下飞机仍具备安全飞行和运营的能力，是民用飞机型号合格审定试飞中风险最高的科目之一。飞机在飞行中，如果机体表面积聚冰层，气动外形就会被破坏，从而导致飞机飞行性能和气动性能下降，阻力增大，飞行员操作困难。冰层或冰块从飞机上脱落，撞击到机身表面或被发动机吸入，就有可能造成机械损伤。上述两种情况严重时，还有可能造成飞机失控坠毁。CCAR-25（《运输类飞机适航标准》）有关条款明确规定，民用运输机必须在极其苛刻的特殊气象条件下进行自然结冰的试飞验证。自然结冰试飞，也是特殊气象条件试飞中对于气象条件要求最高、执行难度最大的科目之一。根据CCAR-25 的条款要求，C919 大型客机必须能够在规定的连续最大结冰条件以及间断最大结冰条件下安全运行。大气结冰状态的强度由云层液态水含量、云层水滴平均有效直径和周围空气温度三个变量决定。适航条款要求的结冰气象条件对这三个变量的数值有严格规定，且必须同时满足。其中间断最大结冰条件更属于极其罕见的极端气象条件。试验的云层温度最好是零下 10 摄氏度左右，此时云层中的水滴呈过冷但未冻结的状态，当突遇物体穿越时会迅速在水滴撞击区域表面结冰。从2011年起，ARJ21飞机在国内开展了近四年漫长的追云、追冰历程，历尽艰难仅进行了4次自然结冰试验试飞，最终不得不千辛万苦环球飞行3万千米，在加拿大五大湖地区鏖战11天，先后进行9架次27小时14分钟的试验试飞，圆满完成了自然结冰试飞验证。

大侧风——无风不起浪

飞机的飞行靠大气，但大气有时候也很"调皮"，会给飞机带来巨大危险。大侧风试飞就是另一项"靠天吃饭"的试飞科目。在我们印象中，客机起降一般都"四平八稳"，看着就靠谱、放心。然而为了检测一款新机型是否能够抵御大侧风在飞机起降阶段的"突然袭击"，确保乘客和机组的生命安全，试飞验证阶段就必须经过大侧风的"考验"，完成一连串看起来晃晃悠悠、惊险无比的起飞和降落！比如，降落前已经飞到机场上空了，机头竟然还没对准跑道，机身也不水平，一边高一边低；又比如，马上就要着陆了，机头终于对准跑道，可机身依然歪斜，好像机翼快要擦到地面；换一个方向降落，这回机身看着水平了，可机头还是歪向了一边，明显偏离跑道。这些都是大侧风试飞中可能出现的画面。飞机起降多在逆风条件下进行，这样使用的跑道长度最短，可增加安全裕度。机场跑道的建设也会参考往年的气象数据，使跑道方向与当地盛行风向平行。但风向不可能永远顺应人意，侧风不可避免。侧风会增加飞机起降操纵难度，也可能引发设备故障，因此在设计阶段，设计师们就应考虑飞机承受侧风的性能。但一款飞机到底能承受多大正侧风，还需要试验予以验证。侧风试飞主要测试飞机在侧风环境下的操纵稳定性和动力系统稳定性。飞机只有在验证侧风起降能力之后，才会被允许在相应的天气条件下运行。等风来，恐怕是侧风试验中的最大难点所在。侧风试验是气象试验，试验环境无法由人的意志改变，试验需要稳定的侧风分量，小了不够，大了不行。这一等待的过程本身就是对所有参试人员意志的考验，而试飞本身也是挑战重重。强风中隐藏着难以预测的风向突变，侧风突变会引起飞机操纵裕度不足；低空风切变会导致升降速率异常，严重时可能导致飞机失控坠毁。因此机组必须协同做出判断，果断决策复飞或着陆。

溅水——出水芙蓉般优雅

飞机不怕日晒雨淋，对发动机来说也有一定的防水或者"吞水"的准备，那么水对飞机安全性的挑战来自哪里呢？溅水试验就是这样一项极具观赏性但没有标准答案的考试。当飞机以高速滑向水池的时候，起落架轮胎溅起的水花瞬间绽放并包裹住飞机机身，蔚为壮观！溅水试验是运输类飞机获得型号合格证的一项重要试验，审查方通常把其列为必要的目击试验项目。整机溅水试验可以模拟飞机在滑跑、起飞、着陆过程中的溅水模态，验证发动机在试验状态下的汲水情况，验证发动机、空速系统等是否正常工作，机身是否会出现损伤，并为修改和完善飞机飞行员手册及使用维护说明书提供数据和依据。溅水试验需在跑道修建水池，飞机以最大重量、规定的重心位置等临界条件进行不同速度的滑行，一旦操作不当或者飞机出现故障，都可能导致严重事故。因此试验前需经过充分的技术论证，确保各部门协调一致工作。溅水试验过程中，飞机的进出水速度、溅水的来源、溅水的轨迹、溅水量的大小以及对飞机各系统的影响，需要综合机载数据、气象数据、影像资料等进行评判。试验采用高速摄影、视频、图像等外部测试手段，结合机载测试数据综合分析的方法，确定试验结果。

全机地面应急撤离——与时间争夺生命

与试飞科目相比，这是飞机在静止条件下进行的地面试验之一。2007 年 8 月 20 日，中国台湾中华航空公司一架波音 737-800 飞机在日本冲绳县那霸机场降落后，突然发生爆炸并冒出浓烟，飞机断成三截，但机上 155 名乘客全部安全撤离，亿万观众通过电视看到了这一情景。成功撤离的背后，除了机组人员的训练有素外，严格的适航要求和严谨的适航验证也起到了至关重要的作用。空客为了取得 A380 的适航认证，征集了 1 100 名志愿者进行应急撤离试验，验证当飞机出现紧急情况需要实施应急撤离时，飞机上的乘客能否安全、迅速地从飞机上撤离。这也是该型号飞机能否获得欧洲航空安全局（EASA）和美国联邦航空管理局（FAA）颁发的型号合格证的关键性试验之一。我们的ARJ21飞机则是在2012年9月21日在中国商飞上海飞机制造有限公司总装厂房圆满完成了全机地面应急撤离试验，那次试验还是在中国民用航空局（CAAC）审查代表和美国联邦航空管理局（FAA）"影子审查"的审查代表的现场目击下，严格按照局方批准的试验大纲的要求进行的。

全机地面应急撤离试验是一项综合性的大型试验，涉及总体布局、内饰内设、舱门、照明、航电等多个专业，而且根据适航条款要求，试验需按适航规章要求选取"乘客"和机组人员参加，并在满足适航要求的黑夜情况下，乘客和机组人员通过局方审查代表随机选定的机上出口（含应急出口且机组和乘客事先不知道哪些被选定），在规定的时间内使用应急滑梯从机上撤离至地面，而局方选定的出口数量仅为飞机实际出口数量的一半，试验条件相当严苛。除此之外，在开始演示前还要将总平均量一半左右的随身携带行李、毯子、枕头和其他类似物品分放在过道和应急出口通道上的若干地点，以模拟轻微的障碍；演示开始前，所有外部舱门和驾驶舱门都应关闭。为了防止客舱内能看见机外情况，应将驾驶舱风挡、客舱舷窗、应急出口的观察窗从机外一侧完全遮挡，并将遮阳板关闭，且机组人员在应急撤离演示中不可以使用手电筒。

类似上述这些适航取证科目有数百项，每一项的背后又是海量的准备、测试和协调工作。对中国大飞机而言，要经历这一轮又一轮的测试，有不少还是自己出题自己答，局方既要看答题的水平，同时还要评估出题的能力。因此，用"十年寒窗""西天取经"等与适航取证做比也都毫不夸张。

经历过重重考验的原型机在取得了 TC 之后一般都会退居二线或者进行改装更新，而根据 TC 和 PC 标准生产的同型号新飞机也不需要再经历那些冰与火的考验，经过较为简单的检查即可获得 AC，以全新的状态交付给航空公司使用。

6.4

交付航司：
生命的承诺和传递

　　无论是ARJ21还是C919，从制造第一个零件开始直到飞机最后寿命的终结，始终与制造商和运营商的品牌质量和社会声誉紧紧联系在一起。中国人的大飞机梦决不会只停留在首飞或交付首架机的功劳簿上，而是要打造数十年甚至上百年的"金字招牌"，在世界民用航空产业中保有一席之地。在上一章中提到的中国商飞上海飞机客户服务有限公司是连接大飞机研制生产与运营的重要链条，但为了生命的承诺和传递而接力前行的远不止于此。

造得出、飞得好——从制造到运行的民航全产业链

　　尽管在飞行员的操控下，大飞机可以在复杂的天空、天气环境下完成起飞降落、高速飞行等高难度动作，但它绝不会成为"孤胆英雄"，其始终都离不开全天候的各种陪护。在研制国产大飞机的过程中，设计制造飞机只是第一步，能够安全稳定地运营才是更大的挑战。而对于每一款

机型，都会有通用的操作标准，也会有个性化的特殊要求，C919 也不例外。在实体飞机设计、生产、试飞的同时，C919 的各类配套手册也在同步编制过程中。这些手册的作用好比常见的产品说明书，但内容和精细程度远比普通的产品说明书庞大、复杂得多。这些机型配套手册是将来飞行员、机务、场务、乘务等所有直接接触飞机的人群的工作基础和指南，也是航空安全的重要保证，还是型号适航取证过程中必备的基本材料，它们将陪伴每一架飞机一起交付给航空公司。

地勤——负责飞机"吃喝拉撒"的"保姆"

有过飞行经历的朋友可能都在候机楼里看到过飞机周围忙忙碌碌的各种运输车辆和工作人员，好奇他们究竟在为飞机做些什么，又跟我们的飞行旅程有什么关系。他们可以说是负责大飞机"吃喝拉撒"的"保姆"们，他们的工作岗位是确保飞机以良好状态运送乘客的最前线。除了在前文中提到过为大飞机在机库中做定期检查维护的专业维修保养团队之外，能被我们所看到的都是日常必不可缺的"保姆"们，包括航油、餐食、清扫、货物、登载、后推等常规团队，也有特殊情况下的除冰、消防等特别团队。他们按照既定工作规程对大飞机的多个不同部位展开操作，都为了同一个目标——让大飞机安全顺利出行。

当飞机完成降落滑行到达停机位停稳后，"保姆"们就要开始大展身手了。登载团队要操作连接廊桥或者云梯车靠近机舱门，让上一段旅程的乘客离开机舱；几乎同时货物团队要打开飞机下层货舱，卸载同行的托运行李和其他货运物资，并且快速转运到行李转盘外供乘客提取。乘客全部离机后，内舱清扫团队登机开始清扫，外舱清扫团队则要操作专用车辆连接飞机的污物舱，抽走污水废弃物；餐食团队操作专用的升降式餐食车，替换新鲜的食物和饮料；航油团队则通过专用泵车向机翼油箱中加入飞机燃油。货物团队清空货舱后就要重新装入下一程旅客的托运行李和货运物资，登载团队保持飞机与机舱门的连接，让新的乘客有序登机。全部动作完成后，车辆、设备和人员与飞机断开连接，后推团队与飞行机组一起等待塔台指令，开启下一段飞行旅程。一架波音 737 或 A320 规模的飞机从降落停机到下一次后推出发的整备最快可以在半小时内完成，这全都依赖于高效的地勤团队。

地勤团队完美的分工配合除了需要熟练地操纵设备，还需要有完备的保障计划和突发情况处置预案。航油团队需要提前明确停机位上飞机的型号、所需补充的燃油量等；餐食团队需要提前准备品种和数量足够的餐食并预装到指定的餐食车上等；清扫团队需要根据航空公司的要求准备充足的替换卫生物品等；货物团队需要确保衔接卸载转运和按计划装载两个环节都精准无误等；登载团队需要应对乘客延误和天气变化带来的影响等；后推团队需要与飞行机组和塔台保持无缝沟通等。我们可以自信地说，在地勤保障方面，上海、北京等一些城市的国际机场已然达到了世界先进水平。这为不远的将来服务中国大飞机的安全高效运行打下了坚实的基础。

飞行员——最后的守护者

"尽管只闻其声、不见其人，但你坚信他就在前方！"有人用如此诗意的语句来描绘自己对民航飞行员的感受。每次飞行过程中，多少总会听到来自飞行员的广播信息，虽然有时不是那么清晰悦耳，但总是很让人放心。体积如此之大、系统组成如此之复杂的交通工具，绝非一般人所能驾驭，飞行员的养成无疑是"万里挑一"的精细活，对身心都是一场艰巨的考验。

第一关，身体素质。随着中国载人航天事业的蓬勃发展，媒体对航天员的选拔和训练做了很多"揭秘"，对民航飞行员身体条件的挑剔和选拔与此相差无几。在新中国成立后相当长的一段时间内，民航飞行员都来自退役转业的空军战斗机飞行员，重要原因之一就是他们拥有过硬的身体素质。在航空业逐渐发展壮大的过程中，航空公司对飞行员的需求也在大量增加。今天我们看到的高考招飞、大学生招飞成了飞行员的另一个主要来源，但优秀的身体素质必须是一切的大前提。进入航校学习后，各种特殊的高强度体能素质训练都是家常便饭，为的就是在各种突发状况中保持最稳定的身体状态，持续控制飞机飞行。从小怀揣着翱翔蓝天梦的孩子，绝大多数在身体素质的环节就止步于梦想，只能在模拟飞行游戏中体验当机长的感觉了。

第二关，学习能力。飞行作为一项体能与智慧相结合的复杂性劳动，光有一个好身板是远远不够的。再看看大飞机驾驶舱里近百个按钮、操纵器件，就知道普通的机动车驾驶员是绝对无法胜任这项工作的。飞行员既要具备诸如空气动力学、机械原理、自动化控制、雷达、通信、地理、气象等跟飞机有关的一切基础知识，还要掌握熟练的专业英语，能跟全世界不同国家，有着不同口音的空中管制员在无线电波中准确交流，这其中任何一个项目考核不过关，成为飞行员的梦想立刻就此止步。中国民航飞行学院至今仍保持着 15% 的淘汰率，其中就包括不少学习考核不过关的准飞行员。正式驾驶飞机之后，飞行员依然要保持着随时学习新知识的状态，每次执飞新机场、新航路都要提前做足功课；不仅要对自己所驾驶的机型了如指掌，还要对不同机型、不同机龄的飞机特征有正确的了解和把握，成为航空领域的专家。

第三关，千锤百炼。优秀的身体素质和良好的学习能力只是成为民航飞行员的敲门砖，从一个飞行学员到比较成熟的大飞机机长，至少须经历 10 年的磨砺期，把整个身心都调试到与大飞机同呼吸、共脉搏的状态。一般情况下，单位对员工的身体素质只在入职时有明确的要求，而后的体检更多的是健康福利。民航飞行员却不是如此，每一次体检、每一次复训，都是再一次的考验，随时都有被停飞甚至淘汰的风险。而且，民航飞行员的职业生涯比航天员更长，期间要克服年龄增长带来的身体损耗的挑战也更大。一些由于意外受伤的飞行员，哪怕在外伤痊愈之后，仍会遭遇无法达标，被迫转为地勤的命运，就此告别蓝天。因此，这份令许多人心向往之的"拉风"职业，其背后也是常人很难承受的千锤百炼。

在 ARJ21、C919 飞机陆续交付航空公司运营前，一部分现役民航飞行员都将率先接受"转型改装"，完成一系列理论学习和地面培训，在模拟机上的训练考试通过后，才能真正成为中国大飞机的驾驭者。这是极高的荣誉，更意味着使命和担当！由汤姆·汉克斯主演的美国电影《萨利机长》，根据 2009 年 1 月 15 日迫降纽约哈德逊河上的全美航空 1549 号航班机长切斯利·萨利·萨伦伯格的真实英雄事迹改编。电影讲述了萨利机长在发动机失效的情况下，成功迫降，拯救了 155 名乘客和机组人员的故事。电影情节和萨利机长本人的自传《最高职责》都让人体会到了飞行员对乘客的无比忠诚和对飞机的敬畏！对飞行员近乎苛刻的重重考验，只因可以为大飞机的安全多增添一份坚实的保障。哪怕将来科技发达到全自动飞机诞生，飞行员依然会是守护所有乘客生命安全的最后一道防线。也正因如此，各大航空公司持续投入最大的资产并不是大飞机本身，而是这些"精贵"的飞行员们。也许你会认为在不远的将来，人工智能与各种黑科技相结合，可以实现飞机的全自动驾驶而让飞行员"失业"。然而，无论技术如何突飞猛进，对飞行安全的最后守护一定还是掌握在人类自己的手里！

空中管制员——从地面到天空的"交通警察"

在上文关于 C919 首飞当天的故事里，有一个细节容易被人忽视，那就是来自浦东国际机场指挥塔台的联络信息："商飞 919 联络塔台，可以起动发动机，准备滑行报告。"这条简明的指令，算得上是首飞过程的发动机逻辑起点。究竟是"何方神圣"能对飞机有如此权威的指挥权呢？他们叫作空中管制员（ATC），飞行员也习惯称他们为"空管"。飞机怎么飞，要听飞行员的；飞行员怎么飞，得听空管的。在很多电影、电视剧的场景里都有空管高大上的身影，甚至也有专门讲述空管工作的纪录片和电视剧。如果也借用"三高"来形容空管的话，应该就是"高傲、高压、高强度"。

空管的"高傲"源自对生命的敬畏、对规章的敬畏和对职责的坚守。作为"空中交通警察"，空管绝不仅仅是传递口令那么简单。优秀的空管需要了解各类飞机型号性能、各种气象空域条件、各式英语或方言口音。随着国内民用航空市场的不断扩张，空管队伍也愈发壮大。我们乘坐飞机在机场内滑行的过程中，有时会看到高高的塔台，它是整个机场范围内最高的建筑物，也是空管们工作的场所。然而，并不是所有的空管都在塔台工作，对负责飞机离场、进近或航路管制的空管甚至区管（区域管制员）来说，他们的办公室甚至在地下室，全靠雷达或卫星监测显示在屏幕上的信息来发号施令，随时处置突发状况，保障航路秩序和飞行安全。

　　空管的"高压"源自"万无一失"的工作要求。飞机不像汽车，在马路上遇到拥挤可以停下来处理，堵一会儿问题也不大，哪怕不小心发生了碰擦，只要没有人员受伤，按交通事故就地处理即可。天空中的飞机都至少以300千米/小时的速度飞行，同一条航路上还设置了不同的高度层来调整飞行方向和容量，空管必须帮助飞行员动态调整高度和速度，以便在进入降落程序前"排好队"，既不能间隔太大浪费紧张的空域，也不能间隔太小带来安全隐患。如果确实遇到突发紧急情况要"插队"的，还得能留出空隙来插进去；如果降落过程有风险，飞行员决定复飞，又得有一套复飞的指挥程序。管理地面上的飞机也并不轻松，特别是在繁忙的机场，多条跑道、密密麻麻的滑行道、数以百计的停机位，只要有一个指令不清晰，就容易酿成机毁人亡的大祸！这样的教训离我们并不遥远，即使飞机没有出事，给空管自身带来的后果也严重到难以承受！很多空管在第一次指挥时，会紧张得说不出话来。这种情况的出现不是因为空管的心理素质太差，而是因为他们深知，每一句指令所蕴含的责任有多大。尽管现代民航客机都有先进的定位系统和间距报警机制，甚至可以接管飞机调整各项飞行参数，但终究无法穷尽所有的风险，也必须在冗余性和经济性之间寻找到最佳的平衡点。空管可以有效地从外部帮助飞机和飞行员提升安全性能。

空管的"高强度"源自他们的不可替代性和民航的不间断性。管制工作的特点是瞬时强度非常大，而且因为管制工作需要 24 小时不间断，所以空管经常需要值守夜班。作为强度最高的脑力劳动之一，空管在工作时投入的精力丝毫不亚于同声传译。遇到特情航班就更加充满挑战！保障一架特情航班，需要管制员有大局意识、协调方法和指挥技巧，需要不同岗位的管制员共同联手，分担调配其他航班、协调相关单位和联系地面服务等多项工作。空管一旦上岗，就要像进入了"真空"状态，丝毫不能分神，因为一个细小的判断失误或者指令错误，就可能造成不可挽回的灾难！在 C919 首飞的当天，浦东国际机场的航班被事先调整了大半，空管的压力却比平时更大！一来要为首飞时段留出充足的地面和空域资源，二来首飞一结束就马上要恢复被调整耽误的航班起降。为此浦东国际机场空中管制员和中国民航华东局的同事们也和首飞机组及保障团队一样，做好了充分的演练和预案准备，再次完美呈现了"万无一失"！

正是大飞机台前幕后这些人员、团队的高效运作，才使得更多的人可以享受翱翔蓝天的体验，而不用去承受缺乏安全感所带来的焦虑。除此之外，各家航空公司和机场也都在激烈竞争中努力提升服务品质，为喜爱飞行的人们提供更加周到的关怀和服务，让大飞机成为他们生活中美好的组成部分。

结束语

我国自行研制大型民用飞机意义重大。一方面，作为世界第二大航空运输国，自行研制大型民用飞机，既能保证民航运输业的安全，又可降低购机成本，增加航空公司的赢利空间，激励国内民航运输业的发展。另一方面，研制大型民用飞机的意义不仅在于项目本身，更重要的是能够促使中国形成自己的民机产业体系，带动整个产业链的同步大发展。大型民用飞机被誉为"现代工业的皇冠"，其产业覆盖机械、电子、材料、冶金、仪器仪表、化工等几乎所有工业门类，涉及数百种学科。国外相关机构调查研究显示，在现代社会大部分的技术扩散案例中，60%的技术来自航空工业，航空工业是典型的高技术、高附加值的高端装备业。发展大型民用飞机产业，对于促进我国航空工业跨越式发展，提高我国自主创新能力，满足我国快速增长的民用航空市场需求有巨大的推动作用。同时，研制大型民用飞机项目，对我国相关基础学科发展，调整经济结构，实现转型升级，提高自主创新能力，转变经济发展方式和增强民族凝聚力等，都具有十分重要的意义。

正如本书所展示的那样，中国大型民用飞机的自主研制历程可谓"道阻且长"。20世纪70年代，大型民用飞机"运十"研制任务启动，史称"708工程"。"运十"机体完全国产化，除发动机向国外采购配套外，航电和机械系统的国产化率超过96%，是我国第一款拥有完全自主知识产权的大飞机。同时，"运十"的研制突破了苏联飞机的设计规范，是我国第一架参照美国适航条例FAR-25标准研制的大型喷气式干线飞机。"运十"飞机的研制工作给我国民用航空设计带来了质的飞跃，使我国一举成为继美、苏、英、法之后，第5个研制出100吨级飞机的国家。

20世纪80年代中期，为了从发达国家学习先进的管理和研制经验，中国民用飞机研制走上了国际合作道路。随后，中国提出民机工业发展"三步走"计划。特别是与美国麦道公司合作，提升了我国在大飞机装配技术等方面的现代化水平。但是，在知识产权和关键核心技术问题上，所有合作的外国飞机制造商绝不肯做丝毫的让步。随着1997年麦道公司被波音公司并购，以及空客AE-100项目的终止，"三步走"计划停滞。冷酷的现实让中国人清醒认识到，以市场换技术只是一种幻想。在高精尖的航空领域，关键核心技术本身是买不来、讨不来、换不来的，买来的只能是产品本身。中国必须自行发展具有自主知识产权的大型民用飞机产业。

2001 年 4 月，两院院士王大珩等 20 多位院士向中央建言，希望国家重视大飞机的研制。2003 年春，王大珩再次上书温家宝总理，提出"中国要有自己的大飞机"。在国务院 2006 年 2 月 9 日颁布的《国家中长期科学和技术发展规划纲要 (2006—2020 年)》中，大飞机被确定为"未来 15 年力争取得突破的 16 个重大科技专项"之一。在随后召开的第十届全国人大四次会议上，国务院总理温家宝郑重宣布，中国将启动大飞机研制项目。至此，争论多年的"大飞机项目"终于尘埃落定。2008 年 5 月，中国商用飞机有限责任公司在上海揭牌成立，标志着中国的大飞机研制工作有了实质性进展。

研制大型客机、发展具有竞争力的民用飞机产业，是党中央、国务院站在历史和全局的高度作出的重大战略决策。2014 年 5 月 23 日，习近平总书记在视察中国商飞公司时发表重要讲话。习近平总书记指出："我们要做一个强国，就一定要把装备制造业搞上去，把大飞机搞上去，起带动作用、标志性作用。"

2015 年 11 月 2 日，C919 大型客机首架机在中国商飞浦东祝桥基地正式总装下线；2017 年 5 月 5 日在上海浦东国际机场成功首飞。2022 年 9 月 29 日，C919 大型客机获颁中国民航局的型号合格证。C919 首架机已于 2022 年底交付，即将投入运营。

通过 C919 大型客机的研制，我国首次走完了大型客机设计、制造、试验、试飞及适航取证全过程，具备了按照国际通行适航标准研制大型客机的能力。C919 的研制成功，将为全球航空公司和客户提供更多选择，为全球供应商和合作伙伴带来更多机遇，也将进一步激发全球商用飞机产业的良性竞争和创新活力。

回顾历史，是为了更好地前行。我们认为，基于历史的经验和教训，中国民用大飞机产业要行稳致远，至少要把握好三个结合。

第一，自主创新与兼容并包相结合。对于 ARJ21 和 C919 选择不少国外供应商来提供主要零部件和飞机子系统的质疑，一直是公众关注的焦点。毫无疑问，即使 ARJ21 飞机选择了十几家国际知名系统供应商，它依然是中国首架拥有自主知识产权的新型支线客机！原因在于，飞机的市场选择、整体设计、性能指标、机型结构、系列化发展以及未来的市场开拓等一系列关键性问题，都要由中国商飞公司来决策！大量选择欧美知名厂商作为主要系统供应商，主要目的就是提高飞机的竞争力，为客户和乘客提供世界一流的飞机产品。

第二，把握市场与引导需求相结合。当前世界主要民航客机生产巨头就是美国的波音和欧洲的空客，并且他们各自都在兼并整合巴西航空工业和加拿大庞巴迪公司的主流客机生产力量。同时，两家公司的激烈竞争从对未来民航市场的预测开始，渗透到新机型设计研发、制造交付、售后服务的方方面面。中国商飞公司作为中国民用大型客机的研制和生产主体，在把握市场这方面的经验和能力储备远不如上述两家寡头。正如当年"运十"下马，可能受多方面的原因共同影响所致，但对未来国内外市场预测的不充分、不准确、不自信，是其中重要的方面。因此，在设计、制造、试验试飞、适航取证、批产、交付等周期长达数年甚至数十年的过程中，如何保持清醒的市场方向判别力以及对自身技术力量和品质自信的定力，是一个巨大考验。

第三，激发公众兴趣与寻求全民支持相结合。要借助信息传播的便捷性，把神秘的大飞机分解为科普作品，把历史故事和技术细节准确传递给社会大众，引发其广泛的关注和了解，避免其被不正当、不客观的言论所误导，为国产大飞机营造良好的声誉和舆论环境。通过科普教育，激发一代又一代青年人爱国爱党、投身航空产业的热情和志向，更有助于人才资源的集聚和提升，进一步推动商用飞机研发、制造、销售、服务等一系列产业链的联结和增值。

面向未来，中国民用大飞机产业发展依然任重道远，必须要坚持"长期奋斗、长期攻关、长期吃苦、长期奉献"的精神，为完全实现中国人的大飞机梦而不懈奋斗。

第一，要获得广泛的认可，就必须始终与国家战略紧密相连。国家"一带一路"沿线国家以及非洲广大发展中国家和不发达地区就是我们巨大的潜在市场。中国大飞机必然与中国高铁一样，会成为全世界人民都欢迎和喜爱的交通工具。

第二，要站稳市场中的位置，就必须与主要竞争对手和而不同。没有绝对的合作，也没有绝对的竞争。当前美国波音公司在浙江舟山设有总装基地，空中客车公司也在天津扩大总装规模和产能，目的都是为了更好地进入以中国为主的亚太市场。在其中开展适当的技术合作，有利于我们学习和借鉴先进的航空企业管理经验和技术，也有利于波音和空客更好地本土化发展，是一个双赢甚至多赢的局面，值得我们在竞争中加以学习和把握。

第三，要持续快速地发展，就必须重视人才资源的积累和培育。人才资源是发展的第一资源，当年"运十"下马、与麦道的合作终结，最可惜的并不是那一架架飞机和零部件，而是大量流失到其他领域的航空科技人才。任务异常繁重而艰巨，唯有继续壮大人才队伍，才能迎难而上、攻坚克难，啃下技术上的硬骨头，打破管理上的旧思维，打开服务全球的新领域，在越近越难的挑战面前，坚守"永不放弃"的精神和信仰，让中国大飞机翱翔蓝天，惊艳世界！

参考资料

一、图书

1. 习近平著：《习近平谈治国理政》（全三卷），北京：外文出版社，2020 年版。

2. 上海飞机制造有限公司编：《上飞六十年》，上海：上海大学出版社，2011 年版。

3. 路风著：《走向自主创新：寻求中国力量的源泉》，北京：中国人民大学出版社，2020 年版。

4. 高铁见闻著：《大国速度：中国高铁崛起之路》，长沙：湖南科学技术出版社，2017 年版。

5. 徐德康、王玉芳主编：《各国民用飞机发展道路的借鉴和启示》，北京：航空工业出版社，2007 年版。

6. 刘济美著：《一个国家的起飞：中国商用飞机的生死突围》，北京：中信出版社，2016 年版。

7. 中国商用飞机有限责任公司编：《追梦大飞机》，上海：文汇出版社，2013 年版。

8. 徐勇凌著：《鹤舞凌霄：中国试飞员笔记》，北京：科学出版社，2017 年版。

9. 程不时著：《飞翔的思绪：中国大飞机研发道路思辨》，北京：机械工业出版社，2017 年版。

10. ［美］乔·萨特、杰伊·斯宾塞著，李果译：《未了的传奇：波音 747 的故事》，北京：航空工业出版社，2008 年版。

11. ［英］斯坦利·斯图尔特、约翰·爱德华兹著，吴土星、黄德先、张永忠译：《冲上云霄：大型喷气机的飞行》，杭州：浙江人民出版社，2014 年版。

12. ［美］沃夫冈·朗维舍著，施倩、陈慧、闵然译：《操纵杆和方向舵：领悟飞行技艺的精髓》，北京：北京科学技术出版社，2016 年版。

13. 孟斌编著：《精飞空客 A320》，西安：西安交通大学出版社，2019 年版。

14. ［美］切斯利·B.萨伦伯格、杰夫·扎斯洛著，杨元元译：《最高职责》，北京：北京联合出版公司，2016 年版。

15. ［日］中村宽治著，温欣洁译：《跟着飞行员一起开飞机》，台湾：晨星出版社，2012 年版。

二、期刊

1. 章希：《波音公司的发展战略》，城市公用事业，1996 年第 2 期。

2. 全球君：《波音的百年传奇》，现代企业文化，2016 年第 10 期。

3. 王如君：《走进"波音"帝国》，人民论坛，1998 年第 5 期。

4. 王钟强：《"披着羊皮的狼"——波音客机"民转军"》，航空档案，2007 年第 12 期。

5. 浦传彬、浦一飞：《思考波音公司的"军"和"民"》，中国军转民，2010 年第 8 期。

6. 秦伟：《你所不知道的波音》，装备制造，2011 年第 10 期。

7. 孙亮：《波音公司腾飞的三大引擎》，企业改革与管理，2008 年第 6 期。

8. 黄国桥：《世界航空业两巨头的较量——波音与空中客车》，云南经济管理干部学院学报，2000 年第 3 期。

9. 任喆：《波音 VS 空客：决战苍穹》，经营者（商业管理版），2006 年第 24 期。

10. 龙镇洋：《空中客车扳倒"空中霸主"》，广东大经贸，1998 年第 10 期。

11. 王京韬：《欧洲奇迹 空中客车》，中国投资，2003 年第 12 期。

12. 曲小：《空客集团更名的背后》，大飞机，2016 年第 6 期。

13. 顾龚：《空中客车一跃成为世界头号民机制造商》，瞭望新闻周刊，2004 年第 6 期。

14. 曹基伟：《空中客车：成功之道》，中国经贸，2005 年第 3 期。

15. 高洁：《空中客车：在创新中起飞》，企业改革与管理，2012 年第 11 期。

16. 崔新健：《波音-麦道合并案六大成因》，国际经济评论，1997 年第 Z2 期。

17. 季谷：《波音-麦道合并始末》，国际展望，1997 年第 5 期。

18. 王小强:《波音兼并麦道说明了什么》,改革,1997 年第 2 期。

19. 杨大伟:《波音与空客的博弈竞争对中国大飞机项目的启示》,中国集体经济,2011 年第 7 期。

20. 波音中国传播事务部:《波音 787-10 梦想飞机面世 2018 年开始交付客户》,空运商务,2017 年第 2 期。

21. 王丽丽:《波音与麦道合并何以起风波》,时事(《时事报告》中学生版),1998 年第 1 期。

22. 赵斐、柴海波:《"空中客车"与"波音"的较量》,世界博览,1991 年第 5 期。

23. 王旋:《欧盟委员会正式通过波音与麦道合并计划》,民航经济与技术,1997 年第 8 期。

24. 周浩:《A380vsB787 两种航空运输理念的角逐》,航空制造,2008 年第 5 期。

25. 阿布:《空中客车 A380》,金融博览,2011 年第 11 期。

26. 杨波:《A380 的运营之道》,大飞机,2013 年第 5 期。

27. 白若水:《空中"巨无霸"飞向何方——空客 A380 市场定位的启示》,大飞机,2015 年第 2 期。

28. 杨于美:《走近波音 787 认识波音 787》,科技视界,2011 年第 30 期。

29. 谭昕:《787-10 来了:又见"枢纽挑战者"》,大飞机,2017 年第 3 期。

30. 刘亮:《波音 VS 空客的胶着之战》,中国新时代,2013 年第 9 期。

31. 肯尼思·沃尔什、张达文:《世界最伟大飞机的内幕故事——摘取〈空军一号:总统及其飞机的历史〉》,国外社会科学文摘,2003 年第 12 期。

32. 王元元:《空军一号如何成为"空中堡垒"》,大飞机,2015 年第 1 期。

33. 张苏东:《飞行中的白宫——记美国空军一号专机与第 89 空运联队》,国际展望,1995 年第 10 期。

34. 质数:《美国总统的豪华空中别墅——"空军一号"》,文史月刊,2009 年第 1 期。

35. 蓝风:《美国总统座机"空军一号"》,当代世界,1998 年第 8 期。

36. 王钟强：《两翼齐飞书写百年辉煌——波音军民融合的启示》，大飞机，2017 年第 9 期。

37. 刘晓军：《值得思考的日本大飞机发展思路》，兵器知识，2007 年第 9 期。

38. 袁璐：《脱去军装换西装——日本"民转军"发展模式借鉴》，董事会，2008 年第 9 期。

39. 苏鑫鑫、陈英硕：《三菱重工的全球化战略》，飞航导弹，2015 年第 2 期。

40. 周日新：《世界民机产业发展启示录（一）——日本、印尼民机产业的发展经验》，大飞机，2013 年第 6 期。

41. 曲小：《MRJ 项目再次延期的思考》，大飞机，2019 年第 11 期。

42. 王其利、李亚斌：《加拿大庞巴迪公司的发展》，国外铁道车辆，1996 年第 5 期。

43. 陈培儒：《支线飞机市场的大洗牌——三菱重工收购庞巴迪 CRJ 项目分析》，大飞机，2019 年第 7 期。

44. 蓝楠：《庞巴迪 C 系列变身空客 A220 获重生》，航空维修与工程，2018 年第 7 期。

45. 石松：《印尼新总统哈比比》，东南亚南亚研究，1998 年第 2 期。

46. 徐卓：《MS-21 能否占据世界市场？》，山东工业技术，2016 年第 11 期。

47. 黎时：《伊尔-62：苏联第一款远程喷气式客机》，大飞机，2018 年第 1 期。

48. 肖隆平：《北京应该向莫斯科学什么？》，中国经济和信息化，2011 年第 1 期。

49. 华润熙：《世界民机产业发展启示录（二）——苏联/俄罗斯民机产业的兴衰》，大飞机，2014 年第 1 期。

50. 任治潞：《先做大，再做强——俄罗斯航空产业的新一轮大重组》，大飞机，2017 年第 11 期。

51. 兰天：《俄罗斯民用飞机制造业发展现状及前景》，全球科技经济瞭望，2000 年第 11 期。

52. 张华刚：《俄罗斯军用飞机制造业现状及发展》，现代军事，2016 年第 3 期。

53. 向川：《俄罗斯商用飞机产业的新征程》，大飞机，2018 年第 11 期。

54. 王钟强：《嬗变与图强——俄罗斯民机工业的发展与未来》，大飞机，

2015 年第 2 期。

55. 周日新：《世界民机产业发展启示录（三）——加拿大、巴西民机产业的发展经验》，大飞机，2014 年第 2 期。

56. 关东元：《巴西航空工业公司崛起之道》，中国工业评论，2015 年第 2/3 期。

57. 翟媛媛：《巴西航空工业公司 小支线成就大事业》，创新科技，2007 年第 7 期。

58. 曲小：《巴航工业：后来者的成功样本》，大飞机，2018 年第 1 期。

59. 陈培儒：《波音能成功"吞并"巴航工业吗？》，大飞机，2019 年第 12 期。

60. 黄懿明、李艳华：《巴西航空制造产业技术创新模式研究》，科技经济市场，2018 年第 10 期。

61. 任治潞：《当波音遇上巴航工业》，大飞机，2019 年第 6 期。

62. 赖懿：《E2 系列：巴航工业的新高度》，大飞机，2018 年第 6 期。

63. 徐德康：《波音联手巴航工业组建合资公司》，航空维修与工程，2018 年第 7 期。

64. 赵正：《波音吞并巴航工业"民机"业务 中国 C919 面临空前挑战》，商学院，2018 年第 8 期。

65. 段子俊、王凡：《忆第一代领导人与新中国航空事业的创建》，文史博览，2003 年第 12 期。

66. 宗荷：《凌空啸长风——我国第一架喷气式歼击机歼-5 诞生记》，国防科技工业，2014 年第 8 期。

67. 徐秉军：《新中国航空工业创建纪实》，文史精华，2007 年第 3 期。

68. 钟义辉：《"八一"开航 新中国民航起步的重要标志》，大飞机，2017 年第 7 期。

69. 潘银良：《新中国航空事业的创建》，文史精华，1999 年第 10 期。

70. 介甫：《王弼：新中国航空事业的先驱》，党史纵横，2009 年第 3 期。

71. 宋佳寅、王婷：《回顾新中国成立以来航空维修历程》，现代工业经济和信息化，2014 年第 6 期。

72. 王永华：《新中国航空工业的迅速起步》，钟山风雨，2005 年第 6 期。

73. 程不时：《"运十"研制中的人和事》，航空史研究，2000 年第 1 期。

74. 路风：《运 10 败在航空工业管理体制》，中国改革，2005 年第 4 期。

75. 路风：《我国大型飞机发展战略的思考》，中国软科学，2005 年第 4 期。

76. 姚培元：《我参加了运十飞机的试制》，航空史研究，1994 年第 2 期。

77. 王金大、王维翰：《我是怎样把运 10 飞上蓝天的》，大飞机，2017 年第 5 期。

78. 高梁：《以 MD-90 干线飞机项目为例谈中国民航工业的现状及其问题》，航空史研究，2001 年第 1 期。

79. 白若水：《见证 MD82 上海首飞》，大飞机，2017 年第 5 期。

80. 耿艳娥：《麦道 90 与新舟 60 两架飞机的命运》，税收与社会，2001 年第 1 期。

81. 陈波：《麦道敢为天 访美国麦道飞机公司策略计划与业务发展总经理庄博润》，中国经贸，1996 年第 12 期。

82. 叶国荣：《美国麦道 中国成飞——写在麦道机头转包生产合同签订七周年之际》，企业改革与管理，1995 年第 12 期。

83. 汤坚玉、万剑锋、刘忠：《麦克纳尼的波音 10 年》，大飞机，2016 第 2 期。

84. 白若水：《世界民机产业发展启示录——麦道公司的悲剧》，大飞机，2014 年第 3 期。

85. 陈培儒：《庞巴迪的革新》，大飞机，2014 年第 6 期。

86. 魏君：《庞巴迪的困局》，大飞机，2015 年第 6 期。

87. 王莉莉：《日本欲重振飞机制造业》，中国对外贸易，2013 年第 5 期。

三、报纸

1. 陶凤：《波音掉队了吗》，北京商报，2017 年 7 月 25 日。

2. 涂露芳、殷奎：《波音空客的世纪交锋》，北京日报，2005 年 6 月 27 日。

3. 谢江涛：《波音 787：科技实现大梦想》，广东科技报，2013 年 6 月 15 日。

4. 赵正：《空客 A350 或逆袭波音 787 市场均衡竞争成常态》，中国经营报，2016 年 11 月 7 日。

5. 付晓：《"空军一号"的四个关键词》，解放军报，2016 年 6 月 4 日。

6. 魏来：《揭秘美"空军一号"：飞行的白宫》，解放军报，2016 年 6 月 4 日。

7. 任之：《俄"空军一号"不比美国差》，中国国防报，2009 年 5 月 5 日。

8. 虞非凡：《日本"XP-1"巡逻机为打造大飞机铺路》，世界报，2008 年 9 月 17 日。

9. 金旼旼：《日本的飞机梦》，中国证券报，2015 年 11 月 14 日。

10. 肖夏、黄艳：《三菱重工揭幕 MRJ　全球支线客机竞争白热化》，21 世纪经济报道，2014 年 10 月 22 日。

11. 石常：《三菱重工带动日本航空工业复兴》，中国航空报，2008 年 4 月 29 日。

12. 袁新立：《留给日本的时间不多了——MRJ 支线客机项目近况与分析》，中国航空报，2017 年 3 月 14 日。

13. 陈子建：《波音觊觎支线客机威胁庞巴迪》，北京商报，2006 年 10 月 10 日。

14. 王钟强：《向上掘金：庞巴迪 C 系列任重道远》，中国航空报。2013 年 9 月 24 日。

15. 刘树国、王芳：《庞巴迪用 C 系列飞机改变游戏规则》，中国民航报，2010 年 5 月 17 日。

16. 文光：《庞巴迪特烦恼：C 系列飞机将何去何从》，中国航空报，2015 年 10 月 27 日。

17. 张思博：《俄罗斯航天飞机能否东山再起？》，中国航天报，2015 年 9 月 12 日。

四、其他

1. 赵宇：《创新视野下波音公司发展历程》，华东师范大学，2008 年。

2. 王京晶：《高技术产业全球价值链研究》，上海社科院，2013 年。

3. 《国家中长期科学和技术发展规划纲要（2006—2020 年）》，中国政府网，http://www.gov.cn/jrzg/2006-02/09/content_183787.html。

4. 《航空知识》杂志。

5. 电视纪录片《起飞，中国》，东方卫视。

6. 电视纪录片《中国之翼》，央视网。